KH VERSICHERUNGS ENTERTAINMENT

Impuls. Kabarett. Moderation.

W0084683

rate5.me

Kundenstimmen
Klaus Hermann
Versicherungsentertainment

★ ★ ★ ★ ★

„Sehr empfehlenswert"

5,0 von 5,0 aus 109 Bewertungen

Impuls.

Topspeaker und Impulsgeber Klaus Hermann ermutigt zur Digitalisierung und anderen Veränderungen in der Branche.

Mit dem Ruf, Veränderung mit Leidenschaft erlebbar zu machen, ist Klaus Hermann gern gesehener Gast auf Kongressen, Tagungen, Galas & Firmenveranstaltungen.

Mit seinem Impulsvortrag bringt er sein Publikum auf amüsante Art und Weise zur Selbstreflexion.

"Sehr pointiert, geistreich und wirklich intelligent humorvoll. Aus meiner Sicht SPITZE!"
Dr. Markus Rieß,
Vorstandsvorsitzender ERGO Gruppe

KEINE ANGST VOR VERÄNDERUNGEN

Der erfahrene Keynote Speaker teilt mit Witz & Empathie sein erfolgversprechendes Rezept für die ihn auszeichnende Hands-On-Mentalität in 6 Zutaten.

Mit Power auf der Bühne & seiner persönlichen Note im Vortrag fesselt der Tausendsassa jeden Zuhörer.

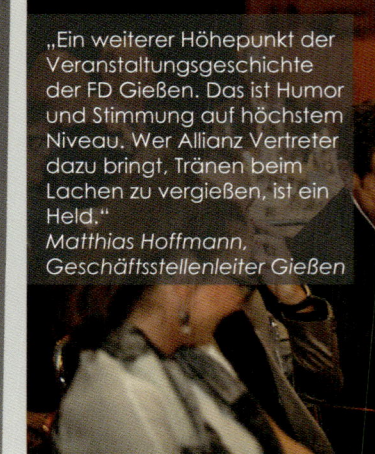

„Ein weiterer Höhepunkt der Veranstaltungsgeschichte der FD Gießen. Das ist Humor und Stimmung auf höchstem Niveau. Wer Allianz Vertreter dazu bringt, Tränen beim Lachen zu vergießen, ist ein Held."
Matthias Hoffmann,
Geschäftsstellenleiter Gießen

Buchen Sie Deutschlands Versicherungsentertainer **Nummer 1!**

21
Jahre Bühnen-
und Fernseh-
erfahrung

400
Tage on
Stage

75.000
begeisterte
Zuhörer

Moderation.

Mit Witz, Energie und seiner charmanten Art führt
Klaus Hermann gekonnt durch Ihre Veranstaltung.

Die individuelle Vorbereitung in Kombination mit der nötigen Spontanität des
Improvisationstalents bringen Leben
auf die Bühne.

Optimal abgestimmt auf die Versicherungsbranche!

„Professionelle Moderation mit viel Herzblut auf diesem Niveau gibt es
leider nur selten zu sehen und zu hören. Dankeschön!"
Prof. Dr. Olaf H. Arlinghaus, Fachhochschule Münster

Kabarett.

30 Jahre Branchenerfahrung im Versicherungsgewerbe
... da darf ein Quäntchen Selbstironie nicht fehlen!

Versicherungskabarett mit Klaus Hermann, das bedeutet für Ihre Veranstaltung:

Ein überwältigendes Repertoire, Fachwissen und Aktuelles aus der Branche zum Lachen und Nachdenken.

"Energiegeladen und sehr unterhaltsam!"
Dr. Rüdi Kubat Mitglied des Vorstands Allianz Deutschland AG

Professionelle und feinfühlige Unterhaltung

✔ Insurance 4.0

✔ Branchentypischer Irrsinn

✔ Aberwitzige Situationen im Versicherungsbetrieb

K VERSICHERUNGS ENTERTAINMENT

Impuls. Kabarett. Moderation.

Klaus Hermann Versicherungsentertainment
Telefon: +49 251 32 60 67
info@klaus-hermann.de
www.klaus-hermann.de

Klaus Hermann

„Ich bin kein Klinkenputzer"

Eine Liebeserklärung an die Versicherungsbranche

Bibliografische Information der Deutschen Nationalbibliothek

Die Deutsche Nationalbibliothek verzeichnet diese Publikation in der Deutschen Nationalbibliografie; detaillierte bibliografische Daten sind im Internet über http://dnb.d-nb.de abrufbar.

 Beachten Sie bitte stets unseren Aktualisierungsservice auf unserer Homepage unter:
vvw.de → Service → Ergänzungen/Aktualisierungen
Dort halten wir für Sie wichtige und relevante Änderungen und Ergänzungen zum Download bereit.

Gleichstellungshinweis

Zur besseren Lesbarkeit wird auf geschlechtsspezifische Doppelnennungen verzichtet.

ISBN   978-3-96329-278-1

Vorwort

„Lieber Müllmann als Versicherungsvertreter" titelte vor kurzem wieder eine Tageszeitung. Das Allensbacher Institut für Demoskopie ermittelt seit 1966 regelmäßig das Ansehen von Berufen in Deutschland. Mein Job ist nicht nur hier seit gefühlten Ewigkeiten der unbeliebteste in der Republik. In allen mir bekannten deutschen Statistiken zur Beliebtheit von Berufen ist der Versicherungsvertreter zuverlässig auf dem letzten Platz zu finden. Wir rangieren sogar noch hinter Politikern und dem Trainerjob beim Hamburger Sport Verein.

Während die ganze Welt sich gerade so schnell verändert wie Heidi Klum die Männer an ihrer Seite, ist das Meinungsbild des Versicherungsvertreters eine Konstante, auf die ich gerne verzichten würde.

Ich arbeite seit 30 Jahren in einer Branche, die von Vertrauen lebt, aber der man häufig nur wenig vertraut und die erst recht nicht geliebt wird. Das Ansehen einer Versicherung ist irgendwo zwischen Dieter Bohlen und Deutscher Bahn. Wer an Versicherungsvertreter denkt, hat den Betrüger Mehmed Göker, Ex AWD-Chef Carsten Maschmeyer oder bestenfalls Herrn Kaiser im Kopf, der früher die Werbespots der Hamburg-Mannheimer Versicherung dominierte.

Die Sex Orgie, mit der sich die mexikanische Fußball-Nationalmannschaft im Jahr 2018 auf die Weltmeisterschaft in Russland vorbereitet hat, wurde von Abermillionen Fans lächelnd kommentiert und schnell vergessen. Eine Veranstaltung im Jahr 2007, bei der ein kleiner Teil der Verkäufertruppe eines deutschen Versicherers komplett durchgedreht ist und in Budapest die Korken knallen ließ, wird der gesamten Branche bis heute vorgeworfen und man nimmt mich und meine Kollegen in Kollektivhaft.

Natürlich kommt der schlechte Ruf nicht von irgendwo her. Das hat sich unsere Branche in der Vergangenheit hart erarbeitet. Von Haustür zu Haustür ziehende Vertreter in den 1970er Jahren, das „Abgrasen" der neuen Bundesländer nach dem Fall der Mauer, „Last Call"-Verkäufe bei sich verändernden Rahmenbedingungen in der Lebensversicherung oder die Budapester Festspiele mit Armbändchen und Stempelkissen. Nicht nur diese Ereignisse waren Garanten dafür, dass wir die rote Laterne in den letzten Jahrzehnten so sicher hatten wie Donald Trump sein tägliches Fettnäpfchen.

Wenn man Internet-Suchmaschinen mit dem Begriff „Versicherungsvertreter" füttert, erscheinen die Bilder und Berichte, die man gemeinhin vermuten würde. Zigarren rauchende Herren mit pomadigen Haaren, Schlipsträger im intensiven Beratungsmarathon und grau melierte Verkäufer, die ihre Erfolge mit Champagner feiern.

Das Bild des Versicherungsvertreters in der Öffentlichkeit kommt ganz eindeutig nicht ganz an die Umfrageergebnisse von Günther Jauch heran.

Unser verbesserungswürdiges Image ist sicherlich auch ein Hauptgrund dafür, weshalb sich Verbraucherschützer und Politiker derzeit auf unseren Berufsstand stürzen als hätten wir den Klimawandel, die Nahost-Krise und Sonja Zietlow zu verantworten. Die aktuellen Diskussionen und Gesetzesentwürfe aus Brüssel und Berlin lassen die Vermutung zu, man wolle den Versicherungsvertreter dem gleichen Schicksal zuführen, wie es das nördliche Breitmaulnashorn gerade erlebt. Denen ist nämlich jüngst das letzte Männchen weggestorben. Da wird eine weitere Existenz der Spezies zur Herausforderung.

Und trotzdem behaupte ich, dass ich ein glücklicher Versicherungsvertreter bin und meinen Beruf liebe.

Der neutrale Betrachter wird an dieser Stelle vermuten, dass ich auch gerne auf dem Nagelbrett schlafe oder mir Sendungen wie „Bauer sucht Frau" ansehe, um meinen vermeintlichen Wunsch nach Schmerzen zu erfüllen. Weit gefehlt.

Schon vor vielen Jahren habe ich mich geweigert, in die Schublade der „Treppenterrier" und „Klinkenputzer" abgeschoben zu werden. Ich bin kein „Versicherungsfuzzi". Ich kümmere mich um Existenzen und begegne jedem Kunden auf Augenhöhe. Ich bin nicht lästig, sondern wichtig. Das Bild des Versicherungsvertreters ist veraltet und überholt. Die gesamte Branche befindet sich in einem dramatischen Umbruch. Es lohnt sich, hier mal genauer hinzusehen, um dann festzustellen, dass die Evolution auch bei den Versicherungsvertretern nicht Halt macht. Der Vermittler von Versicherungsverträgen ist längst ein professioneller Dienstleister mit einer hochmodernen Infrastruktur und dennoch ein Mensch, den ich persönlich erreichen kann und der mir dadurch Sicherheit und Halt gibt.

Selbstverständlich gibt es ihn noch. Den klassischen Versicherungsau-ßendienstler mit Schlips und Kragen, der seinen Kunden mit schicken Hochglanzprospekten, abends auf dem Wohnzimmersofa sitzend, erläutert, dass die ganze Familie sich quasi täglich schon nach dem Aufstehen in Lebensgefahr befindet. Genauso gibt es aber auch noch Verwaltungsangestellte, die ihre Arbeit als Störung der Nachtruhe betrachten, Restaurantbesitzer, die seit 30 Jahren mit der gleichen Speisekarte arbeiten und Handwerker, die einen irritiert ansehen, wenn man nach einem Stundenzettel fragt. Das sind jedoch Minderheiten, die sich in einer modernen, stark wandelnden Gesellschaft permanent selbst dezimieren.

Die Welt ist im stetigen Umbruch und nicht erst die Digitalisierung sorgt für enorme Veränderungen. Das geht an keinem Bereich des Lebens vorbei. Erst recht nicht an der Versicherungsbranche. In den letzten zehn Jahren sind über 80.000 eingetragene Versicherungsvermittler in Deutschland verschwunden. Ist das etwa ein Indiz für eine obsolete Berufsgattung? Ganz sicher nicht.

Nie zuvor haben sich die Angebote, Prozesse und Rahmenbedingungen schneller verändert. In Zeiten der viel diskutierten Digitalisierung, unfassbarer Regulatorik, schlechtem Image und sinkender Vermittlerzahlen gestaltet unser Berufsstand seine neue Rolle gerade komplett neu. Und ich bin mittendrin und habe große Freude daran, weil es gilt ein Berufsbild neu zu justieren ohne die grundsätzlichen Tugenden zu verlieren.

Die Versicherungsgesellschaften investieren enorme Summen, um sich in einer digitalen Entwicklung evolutionären Ausmaßes ein Überleben zu sichern. Dabei sind sie auf einem guten Weg, aber noch längst nicht am Ziel.

Eine schicke Homepage, Online-Beratungen, Kundenbewertungen und weitere kleinere Innovationen sind noch keine Garanten dafür, dass es uns auch in 100 Jahren noch geben wird.

Man schaut ängstlich auf die großen Bedrohungen der Gegenwart. Amazon, Google, Facebook und Co. denken darüber nach, unsere Branche anzugreifen oder sind sogar schon einen Schritt weiter. Statt wie das ängstliche Kaninchen vor Amazon zu zittern, muss die Assekuranz der Taktgeber der nötigen Veränderungen werden. Die Kreativität und der Wille sind auf jeden Fall vorhanden.

Und wir Vermittler? Wir haben zu Unrecht die „Rote Laterne" im Ranking der Berufe. Unsere Beratungen und die Hartnäckigkeit, unbeliebte Themen nicht zu verdrängen, verhindern eine verheerende Unterversorgung der Gesellschaft. Die Versicherungsdichte der Republik ist ein wichtiger Baustein zum Wohlstand. Verantwortlich hierfür ist nicht das Internet, sondern der Versicherungsvermittler.

Um jedoch nicht weiterhin so verstaubt wie bisher wahrgenommen zu werden, sollten wir noch stärker erkennen, dass es nicht reicht, mal die Krawatte zum Anzug wegzulassen. Wir Vermittler müssen mit Einfallsreichtum, Mut und Entschlossenheit das Ansehen von „Herrn Kaiser" ablegen und uns unserer Stärke bewusst werden.

Erste Versicherungsgesellschaften experimentieren mit Abschlüssen über Alexa und Co. Mal abgesehen von den regulatorischen Schwierigkeiten kann kein noch so ausgeklügelter Algorithmus die menschliche Empathie und Nähe ersetzen, die ein guter Versicherungsvermittler seinen Kunden entgegenbringt. Es gibt da draußen knapp 200.000 Versicherungsvertreter, die sich mit ihren Mitarbeitern gerne persönlich um Themen kümmern, die auf der Beliebtheitsskala vieler Bürger nicht gerade mit dem Besuch eines Apple Stores mithalten können. In Zeiten, in denen man sich während einer telefonischen Warteschleifen-Periode gerne mal nachrasiert, ist das ein Privileg, das trotz allen technischen Fortschritts an Bedeutung gewinnen wird.

Dieses Buch ist nicht nur eine Liebeserklärung an die Versicherungsbranche. Es ist ein Statement. Mein Beruf ist spannend, abwechslungsreich, innovativ, jeden Tag überraschend und kann mit einer großen Portion Individualität gestaltet werden. Das wird von tausenden Kollegen im ganzen Land exakt so gelebt. Und das ist erst der Anfang. Es wird noch eine Menge mehr passieren.

Das Ansehen des Versicherungsvertreters ist auf einem Abstiegsplatz. Da gehören wir längst nicht mehr hin. Davon möchte ich Sie während des Lesens dieses Buches überzeugen. Ich möchte Sie für eine Branche und die Menschen, die in ihr arbeiten, begeistern, weil sie viel spannender ist, als es gemeinhin vermutet wird.

Ich beschreibe den Status Quo eines quicklebendigen Wirtschaftszweigs, beleuchte die Schwachstellen meines Berufsstandes und gebe Tipps und Prognosen für die nähere Zukunft. Kommen Sie mit auf eine Reise in meinen Kosmos. Schauen Sie mit mir in die Seele eines Versicherungsvertreters, die sehr frühen Anfänge der Versicherungsidee, seien Sie überrascht von der Produktv elfalt, staunen Sie über die größten Versicherungsfälle aller Zeiten, wundern Sie sich über bürokratischen Irrsinn und spüren Sie die Leidenschaft, die man für diesen Beruf entwickeln kann!

Am Ende werden Sie vielleicht sogar nichts anderes wollen, als meinen Beruf zu erlernen oder Sie ertappen sich dabei, wie Sie Ihren Versicherungsvermittler einmal kräftig in den Arm nehmen. Er wird es Ihnen danken.

Viel Spaß beim Lesen.

Inhaltsverzeichnis

Kapitel 1

Wieso wurde ich Versicherungsvertreter?

Nach langen, anstrengenden Stunden und den letzten Presswehen kommt ein neuer Erdenbürger auf die Welt. Die Eltern fragen erschöpft und gespannt: „Was ist es?" Antwort der Hebamme: „Ein Versicherungsvertreter".

Natürlich hat es diesen Dialog vermutlich noch nie gegeben. Der noch glaube ich, dass gewisse Lebenswege, wenn nicht schon mit der Geburt dann jedoch in sehr jungen Jahren, vorgegeben sind.

Bereits sehr früh in meiner Jugend bekam ich von meiner Mutter eine klare Prognose, mit welcher Tätigkeit ich einmal meinen Kühlschrank füllen und meine Familie ernähren würde. Aufgrund eines stark ausgeprägten Mitteilungsbedürfnisses stellte meine Mutter schon im Grundschulalter fest: „Du wirst mal Pastor oder Versicherungsvertreter".

Meine mitteilungsbedürftige Art führte erwartungsgemäß nicht permanent zu Begeisterungsstürmen. Spätestens in der Schule waren es die Lehrkräfte, die mir klar machten, dass nicht jeder Studienrat einen Alleinunterhalter auf dem Wunschzettel des Unterrichtsablaufs stehen hat.

Im Alter von 15 Jahren traf ich für mich die Entscheidung, dass zehn Schuljahre reichen mussten. Mein Verlangen, mich mitzuteilen hatte nicht nachgelassen und es langweilte mich, ständig still auf dem Hintern zu sitzen und nur dann zu reden, wenn ich gefragt wurde. Für mich stand fest: Nach der zehnten Klasse wird eine Ausbildung gemacht. So weit, so gut. Aber für welchen Job sollte ich mich entscheiden? Jeder Junge will eigentlich Polizist, Feuerwehrmann oder Astronaut werden. Dem fünfzehnjährigen Klaus war nicht annähernd klar, welche Berufe es außer den drei Top-Favoriten zu erlernen gab. Noch viel schlimmer: Welcher Job passte denn bitte schön zu mir?

Zum Glück besuchten wir in der neunten Klasse das Jugendausbildungszentrum im Arbeitsamt der Stadt Münster. Hier sollte mir geholfen werden. Da ich mit meinem Problem kein Alleinstellungsmerkmal besaß, hatte die Einrichtung der Arbeitsagentur einen „Beruf Chancentest" konzipiert. Seitenweise Fragen, die es zu beantworten galt. Es ging um Fähigkeiten, Fertigkeiten, Wünsche und Neigungen. Am Ende sollte dann durch ein aufwendiges Verfahren nach einem Punktesystem ermittelt werden, welcher Ausbildungsberuf am ehesten den Eignungen entsprach. Wer schon einmal einen Berliner Taxifahrer in seiner besonderen Form von Freundlichkeit erlebt hat, weiß, dass so ein Test durchaus Sinn macht, um nicht unglücklich und schlecht gelaunt im falschen Beruf zu altern.

Einige Wochen später kam dann der mit Spannung erwartete DIN A4-Umschlag zu uns nach Hause, der über meine berufliche Zukunft entscheiden sollte; die ultimative Empfehlung als logische Konsequenz eines wissenschaftlich fundierten Tests. Für viele nur ein Stück Papier. Für mich eine verbindliche Empfehlung, um die Adressaten meines anstehenden Bewerbungsverfahrens zu ermitteln. Aufgeregt und durch Vorfreude elektrisiert öffnete ich das Kuvert. Einleitende Worte, Danksagungen, jede Menge Blabla und dann endlich die entscheidende Seite. Ganz oben auf der Liste die Berufe mit zehn von zehn übereinstimmenden Punkten. Die Jobs, die am besten zu mir passen würden und denen ich mich vermutlich in den nächsten Jahren, vielleicht sogar ein Leben lang, verschreiben würde. Ich las und musste mich erstmal setzen. „Erzieher und Gymnastiklehrer" waren die für mich niederschmetternden Ergebnisse.

Mein Kopfkino sprang an. Ich sah mich in einer Kombination beider mir zugedachten Tätigkeiten. Morgens im Kindergarten, bei dem Versuch, einen Haufen schreiender Kinder mit der Grundidee der montesorischen Erziehung Vernunft einzureden und am Nachmittag im hautengen Aerobic-Anzug als Leiter des Kurses „Lebendige Bandscheibe" im Sankt Elisabeth Seniorenheim.

Desillusioniert suchte ich nach einem Ausweg. Nach einem kurzen Moment der Panik sah ich, dass die Liste weiter ging. Es gab eine Kategorie „Neun von Zehn Punkten". Na, also. Neunzig Prozent Übereinstimmung. Das sollte doch zumindest für eine Ausbildung reichen.

Ich schrieb mir die Berufe der zweiten Kategorie auf einen kleinen Zettel. Selbstverständlich hatte ich damals nicht den Hauch einer Ahnung, was ein „Beamter bei der Kommunalverwaltung – nicht technischer Dienst" oder ein „Fachgehilfe in Steuer- und Wirtschaftsberatenden Berufen" auch nur annähernd bedeuten könnte. Ich war mir nur in einer Sache sicher. Alles ist besser als Gymnastiklehrer.

Ich schrieb zahlreiche Bewerbungen zu den mir mit neunzigprozentiger Übereinstimmung meiner Fähigkeiten und Interessen zugesagten Ausbildungsberufen. Für die jüngeren Leser: Damals, Ende der 80er Jahre hatten wir keinen Arbeitnehmermarkt und zehntausende freie Stellen und Ausbildungsplätze. In vielen Jobs gab es ein Verhältnis von 50:1 Bewerbungen auf eine freie Stelle. Man war dankbar, überhaupt eine Reaktion auf die Bewerbung zu bekommen, auch wenn es meistens eine Absage war. So hatte man wenigstens den Lebenslauf und das kostbare Passfoto zurück.

Ich bewarb mich bei der Deutschen Rentenversicherung, bei diversen Steuerberatern, der Stadt Münster und sogar beim Bischöflichen Generalvikariat. Bei der letztgenannten Einrichtung bestand ich den Eignungstest und wurde anschließend zu einem persönlichen Gespräch eingeladen. Ich geriet leicht ins Schwitzen, als man mich dort fragte, wer denn zur damaligen Zeit Pfarrer meiner Kirchengemeinde, Sankt Ida in Münster Gremmendorf war. Ich hätte noch nicht einmal gewusst, dass ich überhaupt zur Gemeinde Sankt Ida gehörte. Ich denke, das Bistum Münster hat in einer Personalangelegenheit selten richtiger entschieden, als man mir die Unterlagen meiner Kandidatur um einen Arbeitsplatz in kirchlichem Umfeld wieder in die Hand drückte. Wochen vergingen und ich hatte noch keinen Ausbildungsplatz.

Bei aller Planung kam dann am Ende, wie so oft im Leben, der Zufall ins Spiel. Mein ältester Bruder hatte damals eine neue Freundin, mit der er heute immer noch glücklich verheiratet ist. Sie war bei uns zu Besuch, als ich sie ansprach und fragte, was sie denn so beruflich mache. „Eine Ausbildung zur Versicherungskauffrau bei der Westfälischen Provinzial Versicherung". „Super", sagte ich finger-schnipsend. Ich erinnerte mich, dass auch dieser Beruf neunzig Prozent in meinem Test erhielt und machte mich frisch inspiriert an die Arbeit.

Über 2.500 Bewerbungen auf 53 Ausbildungsplätze. Trotzdem hatte ich Glück und wurde zu einem „Assessment Center" eingeladen. Was war denn das nun wieder? Ich machte mich schlau. Die Antwort gefiel mir. Man sollte den Beobachtern des Unternehmens in verschiedenen, erdachten Konstellationen etwas vorspielen. Sehr gerne.

Während ich von meiner Mutter jahrelang in meiner ausgeprägten Redseligkeit ausgebremst wurde und meine Lehrer in der Schule meine extrovertierte Art eher damit honorierten, dass ich große Teile des Unterrichts vor dem Klassenraum verbrachte, durfte ich hier nun endlich die Handbremse lösen.

Ich erzählte ausführlichst, nahm jede mir zugedachte Situation mit großer Freude an, begründete engagiert meine in Rollenspielen zu fällenden Entscheidungen und war beinahe enttäuscht, als die Stunden der Beobachtung vorbei waren.

Am 21. 12. 1987 bekam ich dann einen Anruf. „Herr Hermann, wir freuen uns, Ihnen zum 1. 9. 1988 einen Ausbildungsplatz zum Versicherungskaufmann anbieten zu können". Ich war begeistert und dachte „Yes! Freu Dich, Versicherungsbranche. Der Klaus kommt."

Ich erwartete drei Jahre Spaß, Spannung und Momente, in denen ich wie im Assessment Center brillieren und reden durfte. Ich ging davon aus, dass man auf mich und meine Ideen gewartet hatte, um diese begeistert umzusetzen.

Stattdessen landete ich im Umfeld des unbeliebtesten Berufs der Republik. In einer Branche, die in den 80er Jahren ähnlich aufregend war wie das eintausend Teile Puzzle mit dem Motiv „Blauer Himmel mit Wolken".

Die Ausbildung war für mich ernüchternd. Großraumbüro, Kantinenessen mit dem wöchentlichen „SchniPo"-Highlight am Donnerstag, sehr viele zu lernende Versicherungsbedingungen und so erfüllende Neuigkeiten wie „Lex specialis derogat legi generali". Für diejenigen, die eine Weiterbildungserwartung mit meinem Buch verknüpfen, die Erläuterung: Besondere Bedingungen gelten immer vor den Allgemeinen Bedingungen.

Dazu kam die Berufsschule mit Frontalbeschallung und so viel Spaß wie im Berliner Fraktionsblock der AfD.

Schnell stand für mich fest: Das ist nicht mein Leben. Ich beschloss, die Ausbildung zu beenden und mich dann als Au Pair in den USA zu bewerben. Da waren ja schließlich noch die zehn Übereinstimmungspunkte für den Erzieher. Das musste doch für etwas gut sein. Doch das Leben hatte einen anderen Plan für mich.

Teil meines dritten Ausbildungsjahres war ein achtwöchiges Praktikum im Außendienst der Provinzial Versicherung. Zwei Monate in einer Agentur mit echten Kunden und Verkauf von Produkten. Anders gesagt: Fronteinsatz.

Eine komplett andere Welt. Keine Stempelkarte, keine immer gleichen Vorgänge und v. a.: Ich durfte reden, wie mir der Schnabel gewachsen war. Herrlich.

Zu meinem großen Glück hatte ich in der Agentur einen erfahrenen Mentor, der mir die Begeisterung für den Außendienst, die Arbeit mit und die große Verantwortung für den Kunden vermittelte.

Ich durfte erleben, wie nahezu jeder ins Büro kommende Kunde ihn fröhlich begrüßte, sich mit Achtung und Respekt in seine verantwortungsvolle Beratung begab und in der Regel, ohne lange zu überlegen, das unterschrieb, was ihm der liebe Sigi empfahl. Wow. Das gefiel mir. Das wollte ich auch. Mein Bauchgefühl schrie mich beinahe an, um mir mitzuteilen, dass genau das meine Berufung sei.

Ich warf meine USA-Pläne über den Haufen. Obwohl mir im Anschluss an die Ausbildung eine unbefristete Stelle als Versicherungssachbearbeiter im Innendienst mit vierzehneinhalb Monatsgehältern, zusätzlicher Altersvorsorge und der Garantie auf wenig Veränderungen angeboten wurde, lehnte ich dankerd ab. Ich überzeugte meinen Mentor, Sigi, und die Inhaber der Agentur davon, ein gerade neunzehnjähriges Greenhorn als Kundenbetreuer mit an Bord zu nehmen. Ich legte am 1.7.1991 los.

Das ist meine Geschichte und mein Weg zum Beruf des Versicherungsvermittlers. Jeder meiner knapp zweihunderttausend Kollegen hat seine eigene Geschichte. Seiteneinsteiger, die sich zunächst für einen anderen Job entschieden und dann meine wundervolle Branche für sich entdeckten. Hochschulabsolventen, die feststellten, dass deren intensiv vermitteltes Wissen hervorragend in meiner Branche Anwendung finden kann. Kinder, die ihren Eltern folgten und die väterliche Versicherungsagentur übernahmen.

Es gibt zig Wege, um das Glück zu erfahren, Kunden in Versicherungsangelegenheiten beraten zu dürfen. Eines ist jedoch unumgänglich und Grundvoraussetzung für diesen Beruf: Man muss Menschen mögen und gerne mit ihnen reden.

Das traf auf mich zu und somit war ich richtig in meiner Berufswahl. Nun war ich ein Versicherungsvertreter. Die Prognose meiner Mutter wurde wahr und ich startete voller Begeisterung und Motivation. Ich wollte die ganze Welt versichern.

Kapitel 2

„Du willst mir doch nur was verkaufen." – Willkommen in der Wirklichkeit

Die Liste enttäuschter Erwartungshaltungen eines Lebens ist so lang wie vielfältig. Nicht erfüllte Weihnachts- und Geburtstagsgeschenke, das 0:6 im Auswärtsspiel, nachdem Du Dich als Fan 500 Kilometer in einem völlig überfüllten, übel riechenden Sonderzug durch die Republik gekämpft hast, oder das Entsetzen, wenn Deine Frau Dir mitteilt, dass sie sich einen flotten Dreier wünscht und Dir anschließend Rodriges und Ramon vorstellt, um Dich dann mit einem Kinogutschein zur Haustür zu geleiten.

Ich sollte relativ schnell merken, mit welchem Ruf mein neuer Traumberuf zu kämpfen hatte. Nachdem ich die ersten neun Tage in der Agentur mit Einarbeitung und Organisation verbrachte, war es am 10. 7. 1991 endlich so weit. Mein erster Kundentermin. Ein zweistündiger Monolog meinerseits, um mein in dreijähriger Ausbildung mühsam antrainiertes Fachwissen stolz zu präsentieren. Vor- und Nachteile der neuen Bedingungen für die Hausratversicherung, die professionelle Ermittlung der passenden Versicherungssumme und ein schulmäßig ausgefüllter Antrag. Dann der entscheidende Augenblick: meine erste Unterschrift. Was für ein Moment.

Einige Tage später kam dann ... meine erste Kundenbeschwerde. Kein Witz. Ich hatte mich bei etwa 300 DM Jahresbeitrag um eine Mark und zwanzig Pfennige verrechnet. Darüber hatte sich der Kunde schriftlich direkt beim Vorstand beschwert, ohne vorher mit mir zu reden. Und das nach meinem allerersten Beratungsgespräch. Was für ein Start.

In diesem Moment spürte ich zum ersten Mal sehr deutlich das Misstrauen und die Ablehnung, welche einem in meinem Beruf häufig entgegengebracht wird. V. a. dann, wenn man zum ersten Mal mit einem Kunden oder Interessenten spricht. Ich war entsetzt.

Die ersten Monate waren alles andere als ein Zuckerschlecken. Ich wollte der Menschheit meine Beratung und einen perfekt zugeschnittenen Versicherungsschutz schenken, aber die Menschheit hatte keine Lust dazu.

Ich telefonierte stundenlang mit Kunden der Agentur, um Termine auszumachen. Die Erfolgsquote war bescheiden. Von denen, die sich meiner Penetranz in einem Terminvorschlag ergaben, waren ca. 80 % im Rentenalter.

Die Zusammenkunft war dann meistens ein wenig wie in dem Film „Das Schweigen der Lämmer", in dem die FBI-Agentin Clarice Sterling nur dann wichtige Informationen vom durchgeknallten Hannibal Lecter bekommt, wenn sie ihm auch etwas von sich preisgibt. „Quit pro quo". So war es auch bei mir. Ich hörte mir die Geschichten aus dem Krieg an, nickte zustimmend, wenn es darum ging, dass früher alles besser war, oder wuchtete die Kommode aus der Diele ins Wohnzimmer, weil die ach so selten vorbeischauenden Enkel das nicht gemacht hatten. Als Gegenleistung referierte ich ausführlich über die Ausschlüsse der Privathaftpflichtversicherung, insbesondere bei geliehenen Sachen, malte aus, wie wichtig es ist, Vandalismus zu versichern und stellte am Ende die bestehenden Verträge auf die neuesten Versicherungsbedingungen um, wobei die Provision in der Regel die Benzinkosten nur um Nanometer überstieg.

Der veraltete Kundenstamm, um den ich mich kümmern durfte, brachte meinem Wissen in Sachen „Geschichten von Früher" eine deutliche Expansion. Überleben konnte ich damit allein allerdings wohl kaum.

Ich musste andere Wege probieren, um an neue Kunden zu kommen. Niemals hätte ich mich getraut, Zeugen Jehovas gleich, von Haustür zu Haustür zu gehen und um einen kurzen Moment der Aufmerksamkeit oder gar um Einlass zu winseln. Anfang der 90er Jahre war das immer noch ein probates Mittel, um an neue Kunden zu kommen. Dazu komme ich in einem späteren Kapitel noch. Tatsächlich habe ich in fast 30 Jahren Vertrieb nicht ein einziges Mal an fremden Türen geklingelt.

Meiner Meinung nach hat sich im Vergleich zu den frühen 90er Jahren gar nicht so viel Grundlegendes verändert. Wer verkaufen möchte, brauchte damals und heute ein gutes Netzwerk. Oder einfacher: Wer sich tummelt, macht auch Geschäft. Eine alte, kaufmännische Weisheit.

Noch nicht so lange aus der Schule und die Ausbildung frisch beendet, verfügte ich über ein großes Netzwerk. Freunde, der Fußballverein, meine Musikband, die Familie, die Verwandtschaft. Kurz gesagt: Alle, die nicht schnell genug auf den Baum kamen, wurden von mir angesprochen.

Schließlich ist im direkten Umfeld der geringste Widerstand zu erwarten. Zu sehr verbinden Freundschaften oder die familiäre Bande.

Das ist keine Erkenntnis, die die Versicherungsbranche exklusiv erkannt und für sich vereinnahmt hat. Wer einen Anwalt, einen Arzt, einen Autoverkäufer oder Handwerker im Umfeld hat, wird meistens bei Bedarf auf ihn oder sie zukommen. Das gute alte Vertrauen spielt hier eine enorm wichtige Rolle.

Trotz dieser Tatsache gibt es in meinem Berufsstand doch eine Besonderheit. Wenn der Autoverkäufer seinen Freund anspricht, ob er mal den neuen 5er zur Probe fahren möchte, wird der in der Regel freudig zustimmen. Die nebenberufliche Thermomix-Verkäuferin braucht ihren Stammtisch nicht lange zu bitten, damit der geschlossen und mit einer festen Kaufabsicht zum Vorführabend kommt. Wenn man jedoch in seinem Freundeskreis die Leute anspricht, ob man mal vorbeikommen dürfe, um sich mit ihnen über Versicherungen zu unterhalten, dann gibt es keine glänzenden Augen. Da wird nicht freudestrahlend der Kalender gezeigt, um gleich drei Vorschläge zu unterbreiten, damit es auf jeden Fall und möglichst schnell klappt.

Ein Freund von mir hat mal bei Liebeskind Berlin gearbeitet und in einer abendlichen Runde unserer Clique erzählt, dass er bei Handtaschen einen Rabatt von 43 % bekommen kann. Das anschließende Kreischen der anwesenden Damen brachte mich nah an einen Tinitus.

Was, glauben Sie, passiert, wenn ich in gleicher Runde erwähne, dass mir ein Sonderbudget zur Verfügung gestellt wurde und ich in der Autoversicherung 20 % Nachlass einräumen kann? Kurzes Schweigen, dann ein schneller Themenwechsel.

Sobald man sich als Versicherungsvertreter outet, ist da mindestens dieser besondere Blick. In einer Millisekunde wird einem non verbal vermittelt: „Warum stellst Du unsere Freundschaft so auf die Probe? Planst Du mit mir die Fortsetzung jahrzehntelanger Falschberatungen und Vertrauen ausnutzender Herr Kaisers dieser Welt, die sich dann mit den leicht verdienten Provisionen die herrlichsten Privatpaläste bauen und von schwedischen Masseurinnen die Füße kneten lassen?" Oder sie gucken dich einfach skeptisch an und sagen offen heraus: „Du willst mir doch nur was verkaufen!".

Viele Kollegen fangen dann an, sich zu verteidigen. „Nein, ich möchte Dir nichts verkaufen. Ich möchte Dich beraten." Schnickschnack! Es gibt nur eine Handvoll Honorarberater in der Versicherungsbranche. 99 % der deutschen Versicherungsvertreter leben von Provisionen. Das ist kein

Widerspruch zur guten Beratung, aber die Kasse klingelt nur, wenn der Kunde auch einen Vertrag abschließt. Daraus muss man kein Geheimnis machen. Und das ist auch nicht schlimm.

Horden von Politikern in Brüssel würden lieber heute als morgen das Provisionssystem in der Versicherungsbranche innerhalb der Europäischen Union abschaffen. Warum eigentlich? Weil wir Geld bekommen, wenn die Kunden uns vertrauen? Weil die Gefahr besteht, dass wir den Kunden Produkte verkaufen, die sie nicht brauchen? Auch das ist doch kein exklusives Problem der Versicherungswirtschaft. Wie oft schon hat mir ein Verkäufer einen Anzug als „perfekt sitzend" beschrieben, obwohl die Hose über den Knöcheln endete? Der Zweiteiler wartete dann ungetragen im Schrank auf die Entsorgung im Altkleidersack. Auch zu diesem Punkt später noch mehr.

Meine ersten Jahre im Außendienst waren eine Phase des Lernens. Mein Ziehvater Sigi war der Beweis dafür, dass man über eine lange Zeit guter Arbeit und den Aufbau des gegenseitigen Vertrauens ein anderes Level der Kundenbeziehung erreichen kann.

Ich lernte, dass die Frage „Darf ich mal Deinen Versicherungsordner checken?" so viel Begeisterung auslöst wie die Frage nach der Prostata-Prophylaxe beim jährlichen Gesundheitscheck. Auch die Eingabe „Wie sieht es eigentlich mit Deiner Altersvorsorge aus?" endete selten in Jubelstürmen.

Dem Gegenüber ehrlich mitzuteilen, dass man sich gerne um seine Versicherungsangelegenheiten kümmern und die Betreuung übernehmen möchte, ist da schon erfolgreicher. Das funktioniert natürlich nur, wenn man dann durch gute, ehrliche Beratung, Professionalität und schnelle Reaktionszeiten das Vertrauen rechtfertigt.

Ich habe mal gelesen, dass 80 bis 85 % der Deutschen mit der Betreuung durch ihren Versicherungsvertreter nicht zufrieden sind. Das ist natürlich ein katastrophaler Wert, der hoffentlich so nicht stimmt.

Häufige Fluktuationen des Ansprechpartners, zu seltene Besuche oder Falschberatungen sind sicherlich ein Grund für Unzufriedenheiten beim Kunden. Die meistern Berater sind allerdings in ehrlicher Absicht und mit Begeisterung unterwegs und haben Spaß an ihrem Beruf. So geht es auch mir.

Wie Sie vermuten werden, bin ich nicht caritativ unterwegs und möchte mit meiner Arbeit Geld verdienen. Allerdings habe ich kein Produkt, das der Mensch nicht will oder braucht. Versicherungen gehören zum Leben wie das tägliche Brot. Der Unterschied ist eben, dass die Leute für ihr Brot zum Bäcker gehen und es dort wie selbstverständlich kaufen, meine Produktpalette, ich und meine Kollegen aber nicht selten als lästig und überflüssig empfunden werden. Das ist leider immer wieder zu spüren und kann sehr frustrierend sein.

Dabei ist eine Versicherung nicht nur wichtig, hochspannend, individuel plan- und gestaltbar. Die Versicherungswirtschaft hat sogar eine sehr interessante Geschichte, die uns schon fast 4.000 Jahre begleitet.

Sie brennen darauf, die Historie meines Berufes zu erfahren? Gut, dass Sie dieses Buch gekauft haben.

Kapitel 3

Wer denkt sich denn sowas aus? – Die Geschichte der Versicherungsbranche

Natürlich kennen Sie Carl Benz als Erfinder des Automobils. Warum der Apfel vom Baum zu Boden fällt, hat uns Isaac Newton netterweise verraten und ohne Guttenberg müssten wir heute nach dem Lesen der „Bild" zum Chiropraktiker, weil der Springer Verlag seine Informationen immer noch in Stein gemeißelt anbieten würde.

Wissen Sie auch, wem sie letzten Endes so wundervolle Errungenschaften wie die Hausratversicherung, die Berufsunfähigkeitsrente oder die Schiffskasko zu verdanken haben? Produkte, die Ihnen heutzutage wie selbstverständlich von glücklichen Menschen meiner Zunft gut geaunt präsentiert und erklärt werden. Nein? Dann erlaube ich mir, Ihnen ein Stück wichtiger Geschichte und stiller Helden zu präsentieren. Ohne deren Einfallsreichtum sähe unsere Gesellschaft heute völlig anders aus. Wir würden unversichert und mit ständiger Angst vor existenziellen Schäden durch die Gegend laufen und nach unvorhersehbaren Ereignissen mittellos unserem Schicksal entgegensehen.

Zum Glück hat sich schon vor sehr langer Zeit ein gekröntes Haupt Gedanken gemacht und festgestellt: Geteiltes Leid ist halbes Leid.

Und nicht nur das. Er hat auf diese Einsicht mit der Grundidee einer Versicherung reagiert.

Die früheste Niederschrift, die auf Ansätze einer Risikosteuerung hinweist, stammt aus dem Jahr 1.750 v. Chr. Ein Gesetzbuch des babylonischen Königs Hammurabi, der Codex Hammurabi, enthielt einen Prolog der 282 Gesetzesparagraphen. Diese wurden auf einer 2,25 m hohen Stele festgehalten. Diese Stele wurde 1902 bei Ausgrabungen gefunden und kann heute nicht nur von Versicherungsvertretern aus aller Welt im Louvre in Paris bewundert werden. Nur mal so als Reisetipp, falls man meint, in der französischen Hauptstadt schon alles gesehen zu haben oder wenn durch den Brand in Notre Dame eine Lücke in der Planung für den Parisbesuch entstanden ist.

Auf diesem beeindruckenden Gesteinsbrocken ist u. a. zu lesen:

„[…] So sollen die Teilnehmer einer Karawane sich vertraglich verpflichten, dass der dem einzelnen, während der Reise durch Raub oder Überfall entstandene Schaden gemeinsam getragen werde. […]"

Das ist sie also. Die Geburtsstunde der Versicherungsidee. Viele kommen zusammen, um das im einzelnen ungewisse Risiko auf mehrere Schultern zu verteilen. Genau darum geht es in meiner so unglaublich unterschätzen Branche.

Wenn man „Hammurabi" auf einer Suchplattform im Internet eingibt, kommen jede Menge Infos und Seiten zu seinem Codex. Gefeiert wird er auch, weil er u. a. in seinen 282 Gesetzestexten eine erste Bier- und Weinschankordnung erlies. Darauf sollten wir das Glas erheben. Sich unter geregelten Bedingungen volllaufen lassen und Risiken teilen. Nicht schlecht, Hammurabi.

Wird der längst verstorbene König dafür von der Versicherungsindustrie glorifiziert? Mitnichten. Keine noch so kleine Versicherungsgesellschaft dieses Planeten hat in irgendeiner Art und Weise Bezug genommen auf den Gründervater einer Säule des heutigen Wirtschaftslebens.

Schade eigentlich. Hat man hier vielleicht zu wenig Selbstvertrauen, um dem Gründer der Versicherungsidee angemessen zu huldigen? Carl Benz und das Automobil sind bis heute untrennbar verbunden. Kolumbus ist bekannt wie ein bunter Hund. Nach ihm wurde sogar ein ganzes Land in Südamerika und eine Währung benannt und jeder weiß, dass er den Kontinent entdeckte.

Nur Hammurabi hat man völlig vergessen. Keine Versicherungsgesellschaft der Welt hat sich nach ihm benannt. Noch nicht einmal eine Straße oder ein Projekt mit seinem Namen konnte ich finden. Jeder Dichter und Autor noch so verstörender Zeilen bekommt Schulen nach sich benannt und was machen die Versicherungen? Sie gehen lieber auf Nummer sicher und huldigen, dem Jahrhunderte alten Mainstream folgend, populären Tieren. Z. B. dem Adler.

Der Adler als Symbol und Herrschaftszeichen wurde im Frankenreich Karl des Großen und anschließend bei den Ottonischen Kaisern als Wappentier verwendet, um legitimatorisch an das Römische Reich anzuknüpfen. Den Adler findet man noch heute auf den Wappen der Bundesrepublik Deutschland, Österreich und auf Fahnen der unbedeutendsten Kreisliga-Fußballvereine.

Beim größten deutschen Versicherer, der Allianz, war es ausgerechnet der Adler, der über 100 Jahre als Firmenlogo und Analogie zum Reichsadler verwendet wurde, eher er dann 1999 dem aktuellen Design weichen musste. Es gibt sogar die Adler Versicherung, eine Tochtergesellschaft der Signal Iduna Gruppe in Dortmund. Hammurabi hingegen taucht in keinem mir bekannten Emblem der Assekuranz auf.

Man findet Adler, Löwen und Drachen, aber keinen Hammurabi in den Logos der Versicherungsbranche. Es ist doch eine Schande. Gerade eben überlege ich, ob ich meine Versicherungsagentur nicht in „Hammurabi GmbH" umbenennen soll. Meine persönliche, kleine Huldigung für diesen fast vergessenen König. Vermutlich werde ich mich jedoch dagegen entscheiden. Die teilweise paranoiden Verhaltensweisen und Reaktionen unserer Gesellschaft auf alles arabisch Klingende könnte mir das Geschäft unnötig erschweren. Versicherungsvertreter und dann noch ein orientalisch klingender Name. Da kann ich ja gleich versuchen, mit einem Dildo-Shop im Vatikanstaat erfolgreich zu sein.

Der Fairness halber möchte ich erwähnen, dass in Hammurabis 282 altertümlichen Ringelreimen auch noch Dinge bekannt gegeben wurden, die nicht ganz mit den moralisch ethischen Einstellungen einer heutigen Versicherungsgesellschaft im Einklang stehen.

Der Babylonier brachte für damalige Verhältnisse das Strafrecht in etwas klarere Formen. So findet man z. B. auf seinem Gesetzessteinchen im Louvre auch folgenden Text:

„Wenn ein Bürger das Auge eines anderen Bürgers zerstört, so soll man ihm ein Auge zerstören. Wenn er einen Knochen eines Bürgers bricht, so soll man ihm einen Knochen brechen. (…) Wenn ein Bürger einem ihm ebenbürtigen Bürger einen Zahn ausschlägt, so soll man ihm einen Zahn ausschlagen."

Sicherlich gibt es nicht wenige, die sich bei dem Verhalten einiger Fußballfans im Stadion einen „hammurabischen" Umgang mit den Krawallmachern wünschen. Es ist nicht ganz ohne Reiz, sich die dummen Gesichter dieser „Ultras" vorzustellen, wenn einen Tag nach dem Auswärtsspiel 50 Mann mit angezündeten Leuchtkörpern in deren Wohnzimmer marschieren und die Bude verwüsten. Ich schweife ab.

Auge um Auge ist dem zivilisatorischen Anspruch und dem modernen Strafrecht unserer Gesellschaft gewichen. Vielleicht ist das der Grund für das nicht vorhandene Huldigen des königlichen Asiaten. „Auge um

Auge" taugt nicht so recht für den Solidargedanken einer Versichertenge-meinschaft. Allerdings findet man immer noch „Manfred-von-Richthofen"-Straßen in Deutschland, die einem todbringenden Piloten und Leitbild des ersten und zweiten Weltkriegs huldigen. Dagegen ist ein „Auge um Auge" kalter Kaffee.

Meine Hoffnung ist vielmehr, dass man in meiner Branche gar nicht von diesem „Gründervater" unseres unglaublich wichtigen Wirtschaftszwei-ges wusste und ich ihm als kleinen Nebeneffekt dieses Buches mit mei-ner Erwähnung auf das eine oder andere Wappen verhelfe. Darauf wartet der Babylonier schließlich schon fast so lange wie ein Kassenpatient auf einen Termin zum MRT.

In der Zeit nach den Niederschriften Hammurabis kamen weitere inno-vative Ansätze hinzu, das Bedürfnis der Menschen nach Sicherheit zu befriedigen.

Aus der Zeit um 130 v. Chr. stammt die älteste vollständig erhaltene Sat-zung einer römischen Sterbekasse, aus Lanuvium bei Rom. Die Verei-nigungen fand man verbreitet bei Leuten einfachen Standes (collegia tenuiorum) und beim Militär. Da wurden Soldaten gegen das Sterberi-siko abgesichert. Das waren noch Zeiten. Heutzutage sucht man in der deutschen Versicherungslandschaft vergeblich nach Anbietern, die Ver-sicherungsschutz in Zusammenhang mit Krieg, Bürgerkrieg und inneren Unruhen bieten. Da waren uns die Römer nach Dampfsauna und Aquä-dukt auch beim Thema „Versicherungsschutz" mal wieder weit voraus. Den Aktuaren, die für die Risikoeinschätzung und Kalkulation der Ver-sicherungsunternehmen verantwortlich sind, läuft vermutlich ein kalter Schauer über den Rücken, wenn man dann noch bedenkt, dass die rö-mischen Legionen damals quasi in Dauerkonflikten unterwegs waren und hin und wieder kräftig auf die Mütze bekamen. Ich erinnere nur an meine Ur-Ahnen aus dem Münsterland, die um 9 n. Chr. im Teutoburger Wald den Italienern so kräftig eingeheizt haben, dass die damaligen „collegia tenuiorum" sicherlich von einem Großschaden-Ereignis mit einer Men-ge von Auszahlungen sprechen mussten. Die Römer haben dann für ca. 2.000 Jahre einen Bogen um Germanien gemacht, bevor sie sich dann bei diversen Fußball Welt- und Europameisterschaften revanchierten und ab den 60er Jahren des vergangenen Jahrhunderts unser Land mit Piz-zerien überzogen.

Aus dem Jahr 1308 stammt der älteste überlieferte Leibrentenvertrag. Die Altersvorsorge. Der Abt von St. Denis und der Erzbischof von Bremen schlossen diese Vereinbarung. Gegen Kapital oder Land gewährten Klöster und Städte Renten, die lebenslang gezahlt wurden. Später übernahmen besondere Leibrentenbanken diese Aufgabe. Ich kann mir vorstellen, dass die Kirche in ihrer damaligen „Großzügigkeit" die eine oder andere zusätzliche Klausel vereinbarte. Diese ermöglichte es vermutlich, das wegen diverser irdischer Sünden drohende, ewige Höllenfeuer zu vermeiden, indem man auf einen Teil der Leibrente verzichtete. Den zusätzlichen Ertrag nahm die Kirche in ihrer grenzenlosen Barmherzigkeit sicherlich gerne in Verwahrung. Genug der Kirchenkritik. Ein Pabst, der Füße wäscht, macht Hoffnung auf Besserung.

Festzuhalten bleibt, dass es noch bis 1866 dauerte, ehe die heute bekannte kapitalbildende Lebens- und Rentenversicherung auf der Bildfläche des Risikomanagements erscheint. Die gegenwärtigen Lebensversicherer bieten selbstverständlich keine Klauseln gegen das Höllenfeuer an, um die Taschen der Kunden zu leeren. Sie beschränken sich auf Berufsunfähigkeitsversicherungen, Pflegeschutz und Leistungen bei Unfalltod.

Kommen wir zu einem echten Highlight. Das Jahr 1676 ist wirklich ein ganz besonderes für die Versicherungsbranche. 1666 wurden als Folge eines Großbrandes in London etwa 13.000 Gebäude zerstört. Die Angst vor so einer Katastrophe griff in europäischen Metropolen um sich und mündete zehn Jahre nach dem Brand in Hamburg in der Idee einer Feuerversicherung. Hamburg galt schon seit dem Ende des 16. Jahrhunderts als Ausgangsort für die Verbreitung der Versicherungswirtschaft. Dort wurden 1588 erste Seeversicherungsverträge geschlossen. Hauseigentümer in der Hansestadt vereinbarten Feuerkontrakte als gegenseitige Sicherung des Wiederaufbaus ihrer Gebäude im Brandfall.

Bis in die damalige Zeit waren die Geschädigten von Bränden in der Regel ruiniert und zum Betteln verurteilt. Das Betteln Brandgeschädigter um ein paar Taler wurde über Jahrhunderte sogar mit einer von den Behörden oder der Kirche ausgestellten Urkunde dokumentiert und berechtige den Abgebrannten zum Sammeln. An alle, die sich über steigende Beiträge zur Gebäudeversicherung ärgern, die meistens deswegen anwachsen, weil die Schadenfälle in Summe und Anzahl zugenommen haben: Denken Sie an die Alternative „Bettelbrief" und vielleicht geht es Ihnen dann schon etwas besser und die Aufregung sinkt.

Mit dem Auftauchen der Hamburger Feuerkasse wurden 1676 die vorherigen Feuerkontrakte der Hauseigentümer unter das Dach eines öffentlich-rechtlichen Versicherers gebracht und professionalisiert. Die Feuerkasse in Hamburg ist somit die älteste Versicherungsgesellschaft der Welt. Tatsächlich besteht sie noch heute. 152 Mitarbeiter betreuen dort ca. 200.000 Kunden. Neben dem Hamburger SV ein zweiter, echter Sympathieträger in der Elbmetropole. Ihnen dürfte an dieser Stelle klar sein, welchem Fußballverein ich neben meinem Heimatclub, dem SC Preußen Münster, die Daumen drücke.

Mit der Schaffung öffentlich-rechtlicher Feuer-Versicherungsanstalten wurde der Brandbettel dann konsequenterweise sogar verboten.

Im 18. Jahrhundert entwickelt sich der Versicherungsgedanke sehr dynamisch. Viele neue Gesellschaften gründen sich, scheitern jedoch oft an den mathematischen Voraussetzungen, um das Geschäft erfolgreich zu betreiben. Kein Witz. Die Verantwortlichen konnten nicht richtig rechnen. In der Mathestunde lieber zum Kiosk um die Ecke zu gehen, war schon immer eine schlechte Idee. Während man als Daniela Katzenberger immer noch den Rettungsanker „RTL 2" werfen kann, ist ein mathematisches Defizit beim Versicherer eine sehr wackelige Grundlage.

Bereits 1654 entdeckten die französischen Mathematiker Blaise Pascal und Pierre de Fermat die Wahrscheinlichkeitsrechnung bei Glücksspiel-Berechnungen. Ihre Erkenntnisse, den Zufall messbar zu machen, bildeten die Voraussetzung für die Entstehung der modernen Lebens- und Sachversicherungen. Da es damals noch keine Tagesschau, kein Internet und Influencer gab, dauerte es halt etwas länger, bis man sich in der noch jungen Versicherungsbranche dieses Wissen zu Nutzen machte.

Aus den Erkenntnissen der beiden französischen Mathematiker entsprangen die Sterbetafeln, auch heute noch die wichtigste Kalkulationsgrundlage für die Lebensversicherer.

Letztendlich ist das Versicherungsgeschäft schließlich nichts anderes als eine Wette. So erkläre ich es auch meinen Kunden. Die Gesellschaften wetten, dass der 60jährige Kunde vor den ihn statistisch noch zu erwartenden 24 Lebensjahren das Zeitliche segnet, der Kunde wettet mit seiner Rentenversicherung dagegen. Immer ein kleiner Lacher, in den leider zu oft sachlichen und trockenen Beratungsterminen meiner Branche.

Mit der Mecklenburgischen Hagelversicherung entstand 1797 das erste private Versicherungsunternehmen in Deutschland. Spätestens jetzt soll mit dem Betreiben des Geschäfts auch Geld verdient werden.

Und immer dann, wenn Geld verdient werden kann und soll, gehen Geschäftssinn und Phantasie eine abenteuerliche Symbiose ein.

Das 19. Jahrhundert ist eine Aneinanderreihung von Gründungen verschiedener Versicherungsgesellschaften und Einführung noch heute bekannter und beliebter Produkte. Von der Rentenversicherung über die Haftpflicht-, Maschinenbruch-, Transport-, Einbruchdiebstahlversicherung bis hin zur Verstaatlichung des Versicherungsgedankens durch den guten alten Bismarck, dessen Idee 1881 mit der Kaiserlichen Botschaft zur Ausführung der sozialen Kranken-, Unfall- und Invaliditätsversicherung umgesetzt wurde. Heutzutage als Selbstverständnis gelebt und Bestandteil jedes Geschichtstests, irgendwo zwischen achter und zehnter Schulklasse.

Spätestens mit dem Beginn des 20. Jahrhunderts waren einschließlich der Automobilversicherung alle wesentlichen Produkte auf den Markt gebracht, mit denen auch heute noch das meiste Geld umgesetzt und verdient wird.

Es folgt ein Jahrhundert in der Versicherungsbranche, das von Regulatorik und technischen Innovationen geprägt ist.

Zu erwähnen ist sicherlich noch die Etablierung der Rückversicherung, dessen Entwurf spätestens mit dem Großbrand in Hamburg 1842 und dessen fast vollständiger Vernichtung entstand. Bei der Rückversicherung teilen sich verschiedene Gesellschaften das Risiko eines Großschadens, um die eigene Wirtschaftskraft nicht zu gefährden. Im Prinzip die Versicherung für Versicherungsgesellschaften.

Es erfolgen im vergangenen Jahrhundert diverse Vereins- und Verbandsgründungen. Gesetzliche Rahmenbedingungen werden verankert, wie z. B. das Versicherungsvertragsgesetz von 1908, das noch heute bei Auszubildenden meiner geliebten Branche Angst und Schrecken verbreitet.

Natürlich macht sich ein so bedeutender Wirtschaftszweig die neuen Technologien zu nutze. Schreibmaschinen werden 1897 eingesetzt, die ersten Computer bereits 1956 und heutzutage die mannigfaltigen Neuerungen der Digitalisierung: Homepage Onlineberatung, Apps und vieles mehr.

Vielleicht ist auch die Tatsache, dass schon vor 100 Jahren die meisten wirklich wichtigen Versicherungsprodukte erfunden waren, eine Ursache des immer noch vorhandenen, schlechten Images meines Berufs. Die Menschen wollen Veränderungen, wollen mit Neuem überrascht werden. Die Modeindustrie und Automobilkonzerne und erst recht die Handyhersteller leben davon. Schrille Farben, dann wieder sanfte Grautöne. Immer neue Features im Neuwagen und lebenserleichternde Anwendungen in unseren Smartphones.

Die Versicherungsbranche hat einige Jahrzehnte des letzten Jahrhunderts nur wenige, unspektakuläre Neuerungen auf den Markt gebracht.

Die Aufnahme von Vandalismus-Schäden in die versicherten Gefahren der Hausratversicherung, Policen, die das Entfernen von Wespennestern abdecken oder eine Unfallversicherung, die kocht, putzt und einkaufen geht, wenn mir ein Unglücksfall widerfahren ist, haben keine Ohnmachtsanfälle in unseren Kundenkreisen verursacht.

In den Jahren fehlender Innovationen meiner Zunft wurden die Menschen nicht durch echte Neuerungen begeistert und abgelenkt. Sie hatten Zeit, sich die Versicherungsvertreter genau anzusehen und ein Bild entstehen zu lassen. Ein Bild, das eine Momentaufnahme war und sich bis heute zementiert hat.

Seit einigen Jahren sieht es in den Versicherungsfabriken ganz anders aus. Die Branche versucht sich an Produktinnovationen, die ihren Namen wirklich verdienen. In den Brennöfen der Versicherungsschmieden werden phantastische Ideen in Formen gepresst. Das ist eine tolle Entwicklung und ich freue mich darauf, ein Teil dieser neuen Welt zu sein. Versicherungen sollen erlebbar werden und den Kunden dort abholen, wo er uns gerade braucht. Man kann seine Rechnungen per App an die Krankenversicherung schicken, wird am Flughafen automatisch an die Reisekrankenversicherung erinnert, beim Ausleihen der Skiausrüstung auf den Unfallschutz hingewiesen, und das gemietete Fahrrad wird sofort mit Diebstahlschutz angeboten.

Ich höre jetzt schon wieder kritische Stimmen, die vermutlich behaupten, dass das in etwa so revolutionär sei, als wenn der VFL Wolfsburg den Verein attraktiver präsentieren möchte und in Folge dessen seine Bratwurst nicht mehr in der gewohnten Form, sondern als Schnecke anbietet.

So unbedeutend sind die Neuschöpfungen nun auch wieder nicht. Für sich allein sind sie jedoch noch nicht ausreichend, um in der Beliebtheitsskala mit den Feuerwehrleuten gleichzuziehen.

Mein wichtiger und abwechslungsreicher Beruf wird eine runderneuerte und positivere Wahrnehmung nur dann erfahren, wenn wir uns als Branche insgesamt entstauben.

Man sollte nun aber nicht glauben, die Versicherungsbranche hätte keinen Mut und nicht die Phantasie, um auch mal ganz verrückte Dinge zu probieren. Es gibt Versicherungen, bei denen man sich irritiert und schmunzelnd an den Kopf fasst. Beispiele gefällig? Dann folgen Sie mir in das nächste Kapitel.

Kapitel 4

Das gibt's doch gar nicht – verrückte Versicherungsverträge

Im Jahr 2015 wurde ich von der Allianz Versicherung, für die ich damals als Generalvertreter arbeitete, um einen Gefallen gebeten. Ich sollte für die Allianz Deutschland AG einen bedeutenden Preis in Berlin entgegennehmen. Ich, als kleiner Versicherungsvertreter aus Münster, sollte für die große Allianz eine Auszeichnung empfangen.

Meine erste Euphorie wich schnell einer gewissen Skepsis. Es war nicht irgendein Preis, sondern der „Versicherungskäse". Eine Auszeichnung des Bundes der Versicherten für das überflüssigste und unsinnigste Versicherungsprodukt des Jahres. Auf meine Nachfrage, warum nicht ein angemessener Repräsentant des Unternehmens, ein Vorstand, der für das zu würdigende Produkt verantwortlich war, den Preis entgegennehmen würde, echote man mir irgendwas zwischen „Keine Zeit" und „Wichtige andere Termine". Außerdem sollte mit meiner Person die schärfste rhetorische Waffe des Unternehmens in die Bundeshauptstadt geschickt werden, so ein Vorstand, der mir Mut machen wollte. „Was soll's?", dachte ich mir. Berlin ist immer eine Reise wert, so schlimm würde es wohl nicht werden und außerdem reizen mich Erfahrungen im Grenzbereich.

Was ich nicht wusste: Es handelte sich um die hochkarätigste Veranstaltung des BdV, zu deren Abschluss die „Trophäe" überreicht werden sollte. Im Saal waren Vertreter von ARD, ZDF, Handelsblatt, Süddeutsche Zeitung, Bildzeitung und viele mehr. Dazu die zu erwartende, alles andere als freundliche Stimmung gegenüber der Versicherungsbranche und seinen wenigen anwesenden Repräsentanten.

Zwei Tage hatte man in Vorträgen und Workshops Breitseiten und Salven gegen meine so ins Herz geschlossene Branche verschossen und wollte nun, zum Abschluss und als Höhepunkt, noch einen Versicherer direkt auf den Grill werfen. Es war so eine Situation, in der man, in der Haut eines Versicherungsvertreters steckend, von Beginn an spürte, dass man an diesem Tag die Halle nicht durch einen Spalier von Palmenzweiger und über Rosenblätter gehend verlassen wird.

Nominiert waren drei Versicherungsgesellschaften. Am Ende „gewann" die Allianz mit dem Produkt „Rund um den Arenabesuch" den Titel. Bei der prämierten Neuentwicklung aus dem Hause des Marktführers handelte es sich um einen Versicherungsschutz, den man beim Kauf eines Tickets für ein Heimspiel des FC Bayern München als kleinen Zusatz erwerben konnte. Für 2 € bekam man ein Stück mehr Sicherheit zum Arenabesuch.

Im Paket enthalten waren eine Unfallversicherung für die Zeit im Stadion, eine Absicherung gegen Schlüsselverlust während des Spiels und eine Erstattung der Hälfte des Eintrittspreises, wenn man unverschuldet mehr als eine halbe Stunde zu spät zur Partie kam. Die Jury war der Meinung, dass das Produkt das unsinnigste und überflüssigste des Jahres war und hatte das mit der Verkündung des Ergebnisses auch ausführlich begründet.

Ich wurde auf die Bühne gebeten, nahm den Siegespreis entgegen und bat um ein Mikrophon. Das war im Protokoll gar nicht vorgesehen, aber man wollte nicht unhöflich sein und überließ mir unter strengen Blicken das Wort.

Ich bedankte mich zunächst einmal artig und sprach dem Bund der Versicherten jegliche Berechtigung zu. Dann lud ich die Zuhörer ein, bei der Bewertung des Zusatzbausteins mal einen Perspektivenwechsel vorzunehmen. Sie sollten sich mal in meine Situation versetzten. Nicht die, des Versicherungsvertreters, sondern die eines Anhängers des Hamburger Sport Vereins. Seit meinem ersten Poster von Manni Kaltz im Jahr 1981 sympathisiere ich stark mit dem Verein aus dem hohen Norden.

Die Gäste im Saal sollten sich den Umstand vorstellen, dass ein Fan des HSV für lächerliche 2 € den Versicherungsschutz kauft, zum Auswärtsspiel nach München fährt und dort etwas ganz Besonderes, etwas Unerwartetes passiert.

Man muss zunächst wissen, dass der Hamburger SV in den Jahren zuvor beim Auswärtsspiel in München regelmäßig zur fußballerischen Schlachtbank geführt wurde und durchschnittlich sechs Gegentore in der Allianz Arena kassierte. Dieses fußballerische Allgemeinwissen voraussetzend, führte ich folgendes Beispiel auf:

Der Fan aus Hamburg hat Glück und kommt unverschuldet in einen Stau auf der A9 und dadurch erst in der 31. Spielminute ins Stadion. Ihm bleiben vermutlich die ersten zwei bis drei Gegentore und entsprechendes Leiden erspart und zudem erhält er auch noch eine hälftige Erstattung des Ticketpreises. Sollte nun das total Unvermutete passieren und der HSV schießt ein Tor, der Fan springt ob dieses wundersamen Ereignisses euphorisch durch den Block, verliert dabei seinen Wohnungsschlüssel und verunfallt im Freudentaumel noch schwer – zack. Weitere zwei Leistungen der Allianz werden fällig. Und das für 2 €. „Was ist denn daran wirklich so schlecht?", beendete ich meine Geschichte.

In diesem Moment sprang der Korrespondent der Bildzeitung, bekanntlich aus Hamburg, auf und jubelte laut. Das vorher schon schmunzelnde Publikum applaudierte eifrig, was die Veranstalter nun vollends irritierte. Man nahm mir entschlossen das Mikrophon ab und wies auf meinen Platz. Ein ungewolltes Sympathieempfinden meiner Zunft und eine Verharmlosung des Preises konnte nicht mehr gänzlich verhindert werden. Am nächsten Tag schrieb sogar das konservative Handelsblatt, dass man dem Branchen-Marktführer aus München eine solch humorvolle Aktion nicht zugetraut hätte und gratulierte zu dem Schritt.

Was wollte ich letztendlich mit dieser Aktion bezwecken und aussagen?

Solange der Mensch sich größtenteils dem Diktat des Kapitalismus hingibt, wird sich das Angebot an der Nachfrage orientieren und weniger nach dem tatsächlichen Bedarf. Die Menschen kaufen oft, nicht weil sie die Sachen wirklich brauchen, sondern weil es sie gibt. Das kann man sehr gut im Aldi beobachten, wenn die neuen Superangebote in den Mittelgang geschoben werden. Da reicht die Palette vom elektrischen Nasenhaarschneider bis zur Taschen-Kettensäge. Dem Einfallsreichtum der Konsumgesellschaft sind keine Grenzen gesetzt und die Menschen kaufen scheinbar ohne Verstand.

Wer braucht schon Veggi-Garnelen, Hundeeis oder essbare Kohle? Weshalb kauft sich jemand ein 400 PS starkes Auto, um damit zu 95 % im Stadtverkehr von Ampel zur Ampel zu kriechen? Das macht keinen Sinn und geht weit über den Bedarf des Lebensnotwendigen hinaus.

Warum sollte die Versicherungsbranche hier eine Ausnahme bilden? Weshalb wird sie auch hier besonders kritisiert? Ratgeber in Tageszeitungen maßen sich an, die Entscheidung treffen zu können, welche Verträge man braucht oder nicht. Sollen die Menschen doch allein entscheiden, was sie kaufen wollen. Niemand hält einen Erwachsenen auf, der gerade mit seinem Wochenvorrat Cola und 30 kg Übergewicht aus dem Getränkemarkt stampft und warnt ihn vor den Folgen des Konsums der Limonade. Wo sind die politischen und journalistischen Initiativen, um die Bürger vor dem Kaufen von völlig überteuerten Immobilien zu bewahren? Menschen tätowieren sich ein Nutella-Glas auf den Bierbauch und laufen damit die Playa de Palma entlang. Keiner greift ein. Wenn jedoch eine Versicherungsgesellschaft für lächerliche 2 € ein Versicherungspaket anbietet, das einigen Verbraucherschützern so nicht passt, dann ist das Geschrei groß.

Beim Versicherungsschutz enttarnen sich tausende sog. Experten als Gedankenleser und wollen für die Menschheit entscheiden, ob eine Unfallversicherung oder die Vollkasko Sinn macht oder nicht. Lasst das doch den Kunden entscheiden. Außerdem braucht mein Berufszweig diesen Gestaltungsspielraum.

Nur unter diesen Bedingungen kann die Assekuranz ihren Einfallsreichtum entwickeln und so herrliche Produkte entwickeln, über die ich gleich berichte.

Wie schon im vorherigen Kapitel beschrieben, waren die Versicherer 100 Jahre damit beschäftigt, die gängigsten Versicherungen zu entwickeln. Dann kamen Regulatorik, Organisation und technische Innovationen. Erst in den vergangenen Jahrzehnten haben sich die Produktentwickler in ihre stillen Kämmerlein zurückgezogen und ganze Arbeit geleistet. Es wurden die außergewöhnlichsten und verrücktesten Deckungskonzepte erdacht. Verträge, an denen sich die Verbraucherschützer regelmäßig abarbeiten. Policen, die der Mensch nicht wirklich braucht, oder? Wenn aber der Kunde kauft, hat jedes Produkt seine Berechtigung. Anscheinend sogar Schafmilchkäse mit Maden. Kann man kaufen – muss man aber nicht.

Eigentlich reicht das Standard-Produkt-Portfolio der Versicherer schon aus, um nach außergewöhnlichen Versicherungspolicen zu suchen. Es gibt mittlerweile zahllose Variationen von Absicherungsmöglichkeiten. Ein Zusatzbaustein zur Hausratversicherung, der das Entfernen von Wespennestern bezahlt. Eine Brillenversicherung, die alle zwei Jahre einen Zuschuss von maximal 150 € möglich macht, oder die Privatfeierstornoversicherung. Diese Police übernimmt die Kosten, wenn z. B. die Hochzeit nicht stattfinden kann. Wichtiger Hinweis für alle Unentschlossenen: Das klassische „Worst Case Szenario" der Hollywood Filmindustrie – Frau überlegt es sich vor dem Altar im letzten Moment anders und brennt noch im weißen Kleid mit der Jugendliebe durch – ist hier gar nicht versichert. Es geht um Krankheit oder Todesfälle, die eine Feier nicht möglich machen.

Auch in meiner mit Leidenschaft gelebten Branche sind der Erfindungsgabe keine Grenzen gesetzt. Es geht noch deutlich verrückter als ein Schutzbrief für den Tretroller oder eine Heizkostenversicherung für die kalten Wintertage. Ich habe mal einige der außergewöhnlichsten und merkwürdigsten Versicherungen zusammengestellt.

Teure Fußballerbeine

Seit ca. zehn Jahren diskutiert die Fußballwelt darüber, wer denn nun der beste Kicker auf Erden ist. Eines steht für mich als Fußball-Begeisterter fest. Marcel Schmelzer ist es nicht.

In der ewigen Tabelle der Wahl zum Weltfußballer des Jahres liegen Christiano Ronaldo und Lionel Messi gleichauf. Sie haben den Titel jeweils sagenhafte fünf Mal gewinnen können.

Die beiden Ausnahmesportler überbieten sich auf dem grünen Rasen regelmäßig mit Superlativen in Sachen Ballbeherrschung, Titel und Torerfolge. Neuerdings duellieren sich die beiden Ausnahmefußballer auch außerhalb des Stadions, bevorzugt in der Disziplin „Steuerbetrug für Fortgeschrittene". Während die zwei Außergewöhnlichen auf dem Platz jedes Atom Verantwortung inhalieren, geben sie diese in Steuersachen gerne mal an den Vater oder windige Berater ab. Im Ranking des entstandenen Schadens ist allerdings Ronaldo deutlich vor Messi. Beim Portugiesen ist von 150 Mio. € die Rede, welche am Fiskus vorbei geschleust wurden. Bei Messi bleibt es im einstelligen Bereich. Da kann er noch nicht einmal mit der Chefetage des FC Bayern München mithalten. Eins zu Null für Ronaldo.

Und wo erzielt der argentinische Wunderkicker nun den Ausgleich? Wo hat er die Chance genutzt, wieder mit dem europäischen Kontrahenten gleichzuziehen? Richtig! Beim Versicherungsschutz.

Christiano Ronaldo hat laut „Gala" seine Beine mit 212 Mio. € versichert. Lächerlich im Vergleich zu Messi. Dieser hat locker mit 550 Mio. € gekontert.

Offen bleibt, welche Gefahren und Fälle konkret in den Versicherungs-schutz eingeschlossen wurden. Sicher ist jedoch, dass vermutlich ganze Vorstandsetagen wagemutiger Versicherungsunternehmen zusammen-zucken, wenn Sergio Ramos mal wieder seine Kehlkopf-Grätsche aus-packt, um im El Classico (Anmerkung: Das ist das große Spiel zwischen Real Madrid und dem FC Barcelona) Lionel Messi unsanft zu stoppen.

Des einen Freud ist des Arbeitgebers Leid

Immer samstags, kurz vor acht, werden Millionen Lottoscheine in Deutsch-land zerrissen. Wieder die falschen Zahlen. Wieder kein Glück. Wieder muss man montags zur ungeliebten Arbeit.

Trotz der (Un-)Wahrscheinlichkeit von eins zu 140 Millionen gibt es sie. Die Gewinner. Und was hört man dann regelmäßig von diesen Neurei-chen? Was ist die erste Idee? Genau. Den Job hinschmeißen. Soll der Chef doch sehen, wie er klarkommt.

Wie kann das Unglück für den Boss noch gesteigert werden? Natürlich derart, dass gleich die gesamte Buchhaltung als Tippgemeinschaft und Jackpot-Knacker jubeliert. „Rien ne va plus". Die Abteilung feiert auf Bora Bora und der Boss versucht sich angestrengt, an die Berufsschule und das Miteinander von „Soll und Haben" zu erinnern.

Für diese Fälle kann man sich in England tatsächlich versichern. Die „Lot-toversicherung" macht es möglich. Versichert ist der Verlust, den ein Un-ternehmen erleidet, wenn mindestens zwei Mitarbeiter nach einem Lotto-gewinn kündigen. Es gibt tatsächlich einen bekannten Versicherungsfall in Großbritannien. Ein Busunternehmer hat knapp ein Fünftel seiner Be-legschaft nach der kollektiven Abgabe der richtigen Zahlen auf dem Lotto-schein verloren. Vermutlich sind die Glücklichen dann mit der Linie 18 bis nach Istanbul gefahren.

Bauch, Beine, Po

Über die Versicherungsverträge von Ronaldo und Messi kann Jennifer Lopez nur müde lächeln. „J. Lo" hat direkt das Rundum-Sorglos-Paket geschnürt.

Laut Spiegel Online hat die Latino-Schönheit, Schauspielerin und Sängerin eine Police über insgesamt 1 Mrd. $ abgeschlossen. Die Versicherungsvertreter-Kollegen unter den Lesern dürften bei der Vorstellung, einen solchen Vertrag zu vermitteln, gerade Schnappatmung bekommen. Das wäre mal eine ordentliche Provisionsabrechnung.

Einige Auszüge aus dem Kontrakt:

Für die Beine steht die größte Summe zur Verfügung. 400 Mio. $. Für Gesicht und Haare 50 Mio. $. Der Po ist fünfmal so hoch taxiert wie das Gesicht: 250 Mio. $. Das wirft Fragen auf, die an dieser Stelle jedoch nicht beantwortet werden können.

Übertroffen wird die ganze Sache noch von Mariah Carey. Aufgrund eines geplanten, wohl nicht schlecht dotierten Werbevertrages hat die Popdiva ihre Beine mal schlank für sagenhafte 750 Mio. € absichern lassen. Anders gerechnet. Einmal Ronaldo und Messi zusammen.

Hier noch der Mutmacher für alle Herren, die jeden Samstagabend mühsam mit Yoga ähnlichen Verrenkungen ihre Köper in der Dusche enthaaren. Frauenheld Tom Jones hat auch eine Police: 5,5 Mio. $. Versichert ist – sein Brusthaar.

Hole in One

Wer bei der Überschrift an eine ungewollte Schwangerschaft denkt, ist auf dem falschen Weg. Es geht natürlich um den Golfsport.

Ein Hole in One bezeichnet das Kunststück, den Ball direkt vom Abschlag mit nur einem Schlag ins Loch zu befördern. Das ist ein relativ seltenes Ereignis. Statistisch gesehen passiert das bei Wettkämpfen alle 12.500 Schläge ein Mal.

Der Brauch in vielen Golfclubs ist es, diese besondere Leistung gebührend zu feiern. Mit einer Runde Getränke für alle anwesenden Club-Mitglieder, bezahlt vom glücklichen Spieler. Die Freude über einen so besonderen Treffer ist sicherlich abhängig davon, wie viele Mitglieder zum Freigetränk eintreffen und wie der aktuelle Kontostand des Ausgebenden aussieht. Außerdem gibt es sehr unterschiedliche Golf Clubs. Man stelle sich vor, der durchschnittlich verdienende Otto Normal Golfspieler leistet sich eine Gastpartie im „The Green Monkey Course", dem teuersten Golfclub der Welt. Hier liegen die Getränkepreise auf Kleinwagen Niveau. Und dann passiert es. Der Schlag des Lebens – direkt ins Loch. Applaus aus allen Ecken und in der Gastronomie knallen die ersten Champagner Korken. Nach dem ersten Freudenschrei folgt ein zweiter – aus purem Entsetzen. Wer soll das bezahlen? Sie ahnen es sicher längst. Dagegen kann man sich versichern. Ein englischer Versicherer bietet entsprechende Policen an, die einen entspannter spielen lassen. Denn das ist ja eines der Hauptargumente für die Produkte meiner freundlichen Branche: Entspannung. Den Moment genießen, ohne sich über eventuelle Gefahren und deren Auswirkungen zu viele Gedanken machen zu müssen.

Übrigens: In Schottland gibt es diesen Brauch nicht. Dort ist es Sitte, nach einem Hole in One beim nächsten Spiel mit Kilt, dem Schottenrock, zu erscheinen. Bleibt die Frage, was jetzt schlimmer ist. Schottenrock oder Lokalrunde.

Ich lach' mich tot

Wie schon vorab beschrieben, hatte die Versicherungsindustrie im 19. Jahrhundert die wichtigsten, heute noch am Markt befindlichen Policen erdacht und auf den Markt gebracht. Mit den technischen Neuerungen um die Jahrhundertwende, Anfang des 20. Jahrhunderts, entstanden völlig neue Gefahren, die es zu versichern galt. Autos fuhren über die Straßen und stießen gegeneinander, Flugzeuge stürzten vom Himmel und in den ersten Kinosälen des Planeten drohten die Menschen, massenweise abzuleben. Natürlich war Feuer das größte Risiko für die Kinobesucher. Doch die Betreiber hatten eine weitere Furcht, die es abzusichern galt. Und somit wurde eine neue Police ins Leben gerufen. Die Versicherung gegen das Totlachen. Kein Spaß. Die gab es wirklich.

Zu Beginn des letzten Jahrhunderts war die Filmindustrie noch jung und unsicher. Wie würde der Zuschauer auf die bewegten Bilder reagieren? Die Filme waren zwar stumm, aber dafür sehr lustig. Die große Angst der Produzenten war, dass es in den Kinosälen der Welt zum lachbedingten Kollektivsterben oder auch nur zu einzelnen Fällen von Ableben infolge anhaltender Zwerchfell-Reizungen kommen könnte. Also versicherte man die Kinobesucher gegen derlei Ungemach.

Ob das Management von Atze Schröder oder Mario Barth bei den deutschen Versicherungsgesellschaften jemals wegen einer ähnlichen Absicherung angefragt haben?

Es gibt heutzutage immer wieder Vorwürfe, dass gewisse Policen überflüssig seien. Man liest das selbst hin und wieder in Bezug auf Verträge wie die Unfall- oder die Hausratversicherung. Zehntausende von Schadenfällen und hohe Entschädigungszahlungen sind mächtige Argumente für die Existenzberechtigung dieser Verträge. Wieso sollte die Versicherungsbranche den Verkauf von Verträgen einstellen, wenn jedes Jahr unzählige Menschen in der Republik heilfroh sind, diese Kontrakte abgeschlossen zu haben?

Mit der Versicherung gegen das Totlachen war es anders. Der Verkauf dieser Policen wurde Anfang des 20. Jahrhunderts, nach wenigen Jahren mangels Nachfrage, eingestellt. Es passierte einfach nichts. Und wenn nichts passiert, gibt es keine Bereitschaft, sich gegen ein nicht wahrnehmbares Risiko abzusichern. Bis heute hat sich kein Mensch im Kino je totgelacht, auch wenn ich persönlich bei „Hangover" kurz davor war.

Vielleicht sollte man ein Revival dieser über 100 Jahre alten Absicherungsform in modifizierter Art auf den Markt bringen. Die Versicherung gegen das „Vor Lachen in die Hose machen". Da fallen mir im eigenen Umfeld – ich habe vier Kinder – mehrere Leistungsfälle ein.

Wenn das Maria gewusst hätte

Als vor etwas mehr als 2.000 Jahren der kleine Jesus auf die Welt kam, waren die Ansprüche relativ überschaubar. Es reichte ein Dach über dem Kopf, etwas Stroh und für eine komplikationslose Geburt half in diesem himmlisch initiierten Fall sicherlich der gute Draht nach ganz oben.

Als erfahrender Vater weiß ich, dass eine Geburt heutzutage nicht ganz so einfach ist. V. a. nicht so günstig. Was wir Menschen mittlerweile für ein Aufwand betreiben, um ein Kind auf die Welt zu bringen, ist schon erstaunlich. Wochenlanges Training der Eltern vor der Geburt, regelmäßige Kontrolluntersuchungen durch die Hebamme, Arztbesuche, die Geburt am liebsten in einem Kreissaal mit Wohnzimmeratmosphäre, maschineller Wehenschreiber, Entspannungsbad, Saugglocke, Kaiserschnitt und ein Papiertaschentuch-Abo für die Weinkrämpfe nach unregelmäßigen Hormonschüben. Die Kosten einer Schwangerschaft nebst Geburt sind enorm.

Exakt diese Erkenntnis muss zwei gläubige Ordensschwestern in Großbritannien um den Schlaf gebracht haben. Ihre große Sorge: Wer kommt eigentlich bei unbefleckter Empfängnis für die ganzen Kosten auf? Was sollen sie tun, wenn der Herr einen zweiten Heiland auf die Erde schicken möchte und ausgerechnet eine von ihnen dazu erwählt?

Den Berichten nach war die Antwort, die die zwei Nonnen von ihrer Krankenkasse erhielten, nicht zufriedenstellend. Die Übernahme der Kosten wurde nicht garantiert. Die beiden Damen fanden in ihrer Not Seelenheil in der sehr innovativen, britischen Versicherungslandschaft. Diese versicherte die Schwestern gegen die Kosten einer Befruchtung durch höhere Gnaden und erhielt brav jahrelang die Beiträge für diesen wohl einmaligen Versicherungsschutz.

Die katholische Kirche bekam irgendwann Wind von der Sache und bestand auf eine Aufhebung und Rückabwicklung der Verträge. Das Geld wurde erstattet und einem guten Zweck zugeführt; vermutlich an einen Hilfsfonds für die Beseitigung von Schäden an Flora und Fauna nach der Teilung großer Gewässer, wie dem Roten Meer.

Ungebetene Gäste

Man kennt das ja. Endlich mal nichts vor. Es ist Samstagabend und man liegt mit dem Jogginganzug auf dem Wohnzimmer-Sofa. Chips, kaltes Bier und die Fernbedienung in unmittelbarer Reichweite. Die Dolby Surround Anlage wartet darauf, im Grenzbereich arbeiten zu dürfen, während man selbst noch überlegt, ob nun Quentin Tarantino oder Peter Jackson die Verantwortung für das Abendprogramm übernehmen soll.

Da klingelt es an der Tür. Im zweitschlimmsten Fall ist es ein unerwarteter Familienbesuch des Schwagers oder von Schwiegermama. Da kann man dann nichts machen. Der Abend ist im Eimer.

Was kann da noch schlimmer sein? Richtig. Aliens stehen vor der Tür und fordern unmissverständlich dazu auf, sich an Bord ihres Raumschiffes zu begeben. Man kommt noch nicht einmal dazu, die Guacamole mit Frischhaltefolie versehen wieder in den Kühlschrank zu stellen. Die extraterrestrischen Besucher beamen einen sofort in deren fliegende Untertasse. Nach Wochen der unangenehmen Untersuchungen und Milliarden Lichtjahren Reise durch das All wird man dann, oh Wunder, wieder auf der dritten Planeten unseres heimischen Sonnensystems zurückgebracht.

Es gibt unzählige Schilderungen von Menschen, die von sich behaupten, bereits von Alf und Kollegen entführt worden zu sein. Laut einer US-Studie behaupten immerhin 1,4 % der amerikanischen Bevölkerung, eine solche Erfahrung bereits gemacht zu haben. Mein erster Gedanke: „Gott schütze uns vor den Amerikanern".

Nun mag man im ersten Moment glauben, diese „Opfer" außerirdischer Entführungskommandos hätten sicherlich allesamt etwas wenig Licht im Keller, um es mal vorsichtig zu sagen. Keineswegs. Auch Kary Mullis, amerikanischer Biochemiker, der 1993 einen Nobelpreis erhielt, wurde laut seiner Aussagen 1985 von Außerirdischen entführt. Bei ihm dann wohl eine wahrlich inspirierende Reise oder haben ihm die Aliens ein paar Geheimnisse ihrer überlegenen Technologien und Forschungen verraten und damit den Grundstock seines Erfolges bei der Preisverleihung in Stockholm ermöglicht? Man weiß es nicht.

Auch Ace Frehley, einer der Gründer der Rockband Kiss, wurde angeblich 1968 gleich mehrmals entführt. Ein Glück, dass er jeweils passend zu den Konzerten wieder auf heimischen Boden zurück war.

Besonders erstaunlich finde ich, dass die Entführungen, von denen man im Internet reichlich geschilderte Fälle findet, nahezu ausschließlich in den Vereinigten Staaten von Amerika stattfinden. Warum kennt man keine Berichte von entführten Pakistanis oder Samoaner? Eventuell gibt es die ja, aber die armen Gestalten werden nicht zurückgebracht. Vielleicht wollen sie das auch gar nicht und dürfen in viel schöneren, friedlichen Welten verbleiben, während die US-Gäste den Kidnappern schon nach kurzer Zeit mit den Berichten über ihr wundervolles Land und „Make Amerika Great again" so sehr auf den Wecker gehen, dass diese umgehend zurück an den Absenderplaneten geschickt werden.

Fest steht: Wenn es einen Markt für die Versicherung gegen Alien-Entführungen gibt, dann in den Vereinigten Staaten. Und so ist es dann auch passiert. Ein amerikanischer Versicherer bietet eine solche Police an. Enthalten ist ein durchaus sinnvoller Versicherungsschutz. Für 1 $ Beitrag bekommt man bei erfolgter Entführung und Rückreise zur Erde einen Schadensersatz und auch die Kosten für medizinische und psychologische Behandlungen bezahlt.

Festhalten, bitte. Dieser Vertrag wurde von US-Bürgern bereits ca. 100.000 Mal abgeschlossen. Darüber könnte man lachen, wenn diese Nation nicht auch im Besitz von ein paar tausend Nuklearsprengkörpern wäre.

Einziger Haken an der Alien Police: Man muss entsprechende Beweise erbringen. Das ist leider bisher niemandem gelungen. Handy vergessen, Fotos verwackelt, Gedächtnis gelöscht und viele weitere unglückliche Umstände verhinderten bisher die nötigen Nachweise.

Mal ganz ehrlich. Sie haben doch beim Lesen dieses Kapitels auch ein wenig geschmunzelt oder vielleicht gelacht. Ist das nicht schön? Können Sie schon ein kleines Stück nachvollziehen, warum ich diesen Beruf so liebe? Sollte man seinem Berater tatsächlich böse sein, wenn er einem solch herrliche Policen anbietet?

Es gibt noch weitere, kreative Versicherungsverträge. Vermutlich denken sich in dem Moment, in dem ich diese Zeilen schreibe, einige Unternehmen neue Möglichkeiten aus, den Menschen ihre Ängste vor dem unerwarteten Schaden zu nehmen.

Und? Ist das schlimm? Kann man das den Versicherungsunternehmen verübeln oder wirklich vorwerfen? Ich finde nicht. Man beschwert sich doch in der Eisdiele auch nicht darüber, dass mit „Weißbier" und „Rote Beete" die Sorten Nummer 58 und 59 in der Auslage aufgetaucht sind. Wer nicht will, nimmt wieder Schoko und Erdbeere, aber die Vielfalt ist doch toll.

Wir entwickeln nun mal kein Eis, sondern Versicherungen. Da sollte keiner sauer sein, wenn wir neue „Sorten" entwickeln. Wir haben Spaß daran und wie schon gesagt: Die Nachfrage entscheidet.

Die Menschen wollen Versicherungen und brauchen sie auch. Welche im Einzelfall angemessen, bezahlbar oder völlig sinnlos ist, kann man am besten herausfinden, indem man sich gut informiert und beraten lässt.

Und wer kann das am besten tun? Sie ahnen es sicherlich bereits. Richtig. Der Versicherungsvertreter. Genau genommen, der Versicherungsvermittler. Ein guter Berater wird ihnen den Hinweis geben, dass Sie sich den Dollar für die Alien-Police sparen können. Denn natürlich gehört zu einem fairen Gespräch mit dem Versicherungsvermittler auch der Hinweis, welche Police Sie wohl nicht benötigen. Doch welche Policen sind das und worauf sollte man auf keinen Fall verzichten? Ich versuche mal eine Antwort.

Kapitel 5

Die Qual der Wahl – Welche Versicherung braucht der Mensch?

Wenn ich Sie in den ersten Kapiteln davon überzeugen konnte, dass Versicherungen eine grundsätzliche Daseinsberechtigung besitzen, habe ich schon einen großen Erfolg erzielt.

Sie verspüren noch keinen Drang, Ihren Versicherungsvertreter mal so richtig fest an sich zu drücken, ihn zu knuddeln und ihm zu sagen, wie lieb Sie ihn haben? Nicht schlimm. Wir haben noch ein paar Seiten, um daran zu arbeiten.

Ein Vorwurf, den ich in meinen drei Jahrzehnten in der Assekuranz wahnsinnig oft gehört habe, ist, dass Versicherungsberater einem quasi alles verkaufen und andrehen. Ist das so? Wie viele Versicherungen braucht denn ein Mensch? Wie viele Hosen haben Sie im Schrank? Wie lang ist ein Seil? Gar nicht so einfach zu beantworten, oder?

Im Durchschnitt hat jeder Deutsche knapp sechs Versicherungsverträge und gibt dafür 2 200 € pro Jahr aus. So viel zum gemittelten Wert.

Verbraucherschützer, Wirtschaftszeitschriften, Fernsehsendungen und die Tagespresse sichern sich regelmäßig die Aufmerksamkeit und Zustimmung ihrer Zielgruppen, in dem sie feststellen, dass der Deutsche falsch und überversichert ist.

Das stimmt natürlich. Ja, Sie haben richtig gelesen. Während die Leser aus den Pressestellen großer deutscher Versicherer jetzt zusammenzucken und überlegen, ob ich sie noch alle habe, möchte ich das noch einmal wiederholen. Nicht, dass Sie das für einen Druckfehler halten oder dem Lektorat dieses Buches mangelhafte Fähigkeiten unterstellen. DER DEUTSCHE IST FALSCH UND ÜBERVERSICHERT. Selbstverständlich ist er das.

Der Deutsche ernährt sich aber auch völlig verkehrt und folglich sind 60 % der Bundesbürger zu dick, er fährt das falsche Auto, nutzt nur einen Bruchteil der möglichen Smartphone-Funktionen, trägt nur 33 seiner 100 Kleidungsstücke gerne und regelmäßig, zahlt 15 % Zinsen auf sein überzogenes Konto, Frauen verdienen für die gleiche Arbeit weniger Geld als Männer und im Fernsehen läuft nur der letzte Mist.

Auch diese Schlagzeilen lesen wir in kurzen Zyklen in der Presse oder lassen sie uns anhand von kleinen Erklärfilmen servieren, die wir dann bei Facebook teilen. Die Empörung ist groß. „Diese bösen Versicherer", „die betrügerische Autoindustrie", „mafiöse Lebensmittelkonzerne" usw. Sofort erschallt der Ruf nach mehr Aufsicht, Gesetzen oder am besten: sofort alle einsperren.

Ich könnte mich tierisch aufregen über diese pauschalen schuldzuweisenden Reflexe. Okay, wenn man wirklich betrogen wurde, egal in welcher Branche oder in welchem Geschäft, ist jeder Vorwurf und der Ruf nach Strafe und Guillotine natürlich berechtigt.

Allerdings frage ich mich und auch Sie, lieber Leser: Wer ist denn daran schuld, wenn ich mich falsch ernähre, zu viel für meinen Handy-Tarif bezahle oder Beiträge für Versicherungen abgebucht werden, die ich nicht haben möchte? Spiegel raussuchen, reingucken und – Tusch und Trommelwirbel – der Schuldige ist gefunden. Ja, wer denn sonst?

Verstehen Sie mich bitte nicht falsch. Es gibt total schlechte Berater und sehr gewiefte Vertriebler, die einem ein Grundstück auf dem Mond andrehen oder einen Liter „Rokko No Mizu"-Mineralwasser für 120 € samt seiner aberwitzigen Geschichte verkaufen. Natürlich sind diese Leute rhetorisch geschult und darauf trainiert, Einwände in Argumente zu verwandeln. Man hat schon während des Gesprächs so ein komisches Gefühl und fühlt sich nicht richtig wohl. Und dennoch wurde gekauft?

Bei allem Respekt. Wenn ich jemanden nicht leiden kann, den Eindruck habe, mir will nur jemand etwas verkaufen und mein Bauch mich anschreit: „Tu das nicht!", dann sollte ich den Laden verlassen oder den Vertreter aus dem Haus jagen.

Wenn mir nicht gefällt, dass Schweine auf engstem Raum, ohne Tageslicht, mit Medikamenten vollgepumpt und in der eigenen Scheiße liegend gehalten werden, damit ich das Kilo Hack für 1,99 € im Lidl kaufen kann, dann kann ich mich darüber beklagen und die Legislative kritisieren, weil sie das nicht verändert.

Ich könnte allerdings auch darauf verzichten, so ein Fleisch zu kaufen.

Im Sommer 2013 haben die Grünen vorgeschlagen, donnerstags nur noch vegetarisches Essen in Kantinen anzubieten und den „Veggi Day" einzuführen. Meiner Meinung nach ein sinnvoller Vorschlag, um die Bevölkerung dafür zu sensibilisieren, dass wir endlich aufhören müssen, Fleisch zu konsumieren als käme es aus dem Wasserhahn.

Was ist passiert? Die Republik war in Aufruhr. Eine unverschämte, unangemessene Bevormundung der Bürger war nur einer der harmlosesten Vorwürfe und Reaktionen der Öffentlichkeit. Das eher schlechte Ergebnis von 8,4 % für die Grünen bei der Bundestagswahl im folgenden Herbst wurde von Analysten im Wesentlichen auch mit diesem Vorschlag des fleischlosen Tages in Verbindung gebracht.

Der Bürger möchte sich nichts vorschreiben lassen. Bitteschön, Bürger. Dann beschwere Dich auch nicht, wenn Du Dich selbst kümmern musst.

Ich bin ein großer Freund von sinnvoller Regulatorik und Verbraucherschutz. Zu groß ist der Einfluss der Industrie und ihrer Lobbyisten, als dass sich die Märkte von selbst regulieren.

Doch egal ob Online Banking, Autokauf oder der Abschluss einer Hausratversicherung. Ich muss mich als Verbraucher bei allem Bemühen, die Märkte vergleichbar, gerecht und transparent zu gestalten, auch ein bisschen mit den wichtigsten Basics meines Konsums jedweder Art beschäftigen. Das geht doch heutzutage dank des Internets in Millisekunden. In wenigen Minuten kann ich mich nahezu über alle Produkte und Dienstleistungen so gut informieren, dass ich zumindest dem mich erwartenden Verkäufer oder Berater einige sinnvolle Fragen stellen kann. Je besser sich der Verbraucher vorab informiert, desto geringer ist die Wahrscheinlichkeit, ein Debakel zu erleben. Das gilt auch für das Thema Versicherungen.

Ich werde später noch etwas detaillierter auf die charakterliche Mixtur der Spezies „Versicherungsvertreter" kommen. Doch bei aller Leidenschaft und Liebe für meinen Beruf gilt auch für unsere Branche: Ein paar schwarze Schafe sind immer dabei.

Je besser sich der Interessent vorab informiert, desto geringer ist die Wahrscheinlichkeit, dass ich einem schlechten Berater auf den Leim gehe und er mir Verträge empfiehlt, die ich gar nicht brauche bzw. nicht haben möchte.

Vor dem Kauf eines neuen Autos oder eines gebrauchten werden wochenlang Zeitschriften und Tests studiert, man führt Gespräche mit Freunden, lässt sich Modelle empfehlen oder vorführen und fährt diverse Favoriten mal zur Probe.

Der Versicherungsschutz für das neue Eigenheim und die Absicherung der Finanzierung wird dann aber mal eben ohne große Überprüfung im Anschluss der Darlehensgespräche beim Kreditberater der Hausbank mitunterzeichnet. Der versteht in der Regel von Versicherungen so viel wie Rainer Calmund von Hochseilakrobatik.

Sie werden vermutlich gerade ungläubig denken: „Will mir der Versicherungsfuzzi jetzt ernsthaft vermitteln, dass er ein Problem damit hat, wenn Kunden zu schnell unterschreiben?"

Ja, das habe ich. Das ist mein voller Ernst. Ich habe viele Kunden, die seit Jahren und Jahrzehnten (ich fühle mich gerade entsetzlich alt) bei mir versichert sind und mir blind vertrauen. Das ist gut und ehrt mich. Auf der anderen Seite ist es mir viel lieber, wenn mir, bei welchem Abschluss auch immer, Fragen gestellt werden oder wir vorab ganz in Ruhe den Bedarf ermitteln und durchsprechen. Jede nicht gestellte Frage ist eine Tretmine mehr für eventuell auftretende Versicherungsfälle in der Zukunft. Der uneingeschränkten, mir entgegengebrachten Referenz folgt quasi als siamesischer Zwilling anhaftend die Erwartung, dass jeder erdenkliche Schaden zukünftig versichert ist und reguliert werden kann.

Liebe Kunden, bitte löchern Sie Ihren Berater. Das hat drei Vorteile.

1. Der Vermittler kann beweisen, was er drauf hat.

2. Die Wahrscheinlichkeit eines Missverständnisses im Schadenfall ist deutlich geringer.

3. Sie wissen am Ende der Beratung, was Sie da unterschrieben haben.

Oder anders: Sie kaufen nicht die Katze im Sack.

Es gibt eine Menge verschiedener Versicherungsarten. Einige verrückte Beispiele habe ich ja schon beschrieben. Und welche braucht man nun wirklich? Sorry, aber das kann man nicht pauschal beantworten.

Mein Tipp: Machen Sie sich zunächst mal Gedanken, was Ihnen persönlich wichtig ist und klären Sie Ihr verfügbares Budget für Ihr Risiko-Management. Dann suchen Sie sich einen Berater. Wichtig: Es sollte ein Profi sein. Gucken Sie sich die Homepage an, die Fotos, die Referenzen. Wie ist die Agentur organisiert? Werden alle Mitarbeiter regelmäßig geschult? Gibt es überhaupt Mitarbeiter? Machen Sie den Termin nicht bei sich zu Hause, sondern gucken Sie sich das Büro des Vertreters an.

Ist das Büro alt, ungepflegt und riecht nach Rauch? Laufen Sie, so schnell Sie können. Werden Sie freundlich begrüßt, umsorgt und fühlen Sie sich von Beginn an wohl? Das könnte passen.

Vielleicht hat jemand im Freundeskreis eine gute Empfehlung für Sie.

Was ich damit sagen möchte, ist: Suchen Sie sich eine Vertrauensperson, die zu Ihnen passt. Es sollte sich eine Agentur oder ein Vermittler komplett um Sie und Ihre Versicherungen kümmern. Nicht mehrere. Das birgt die Gefahr, dass sich ein Berater auf den anderen verlässt und keiner den rechten Überblick hat.

Seien Sie ruhig kritisch. Ich persönlich finde es irritierend, wenn ich 30 Mitarbeiter in einer Info-Veranstaltung eines Unternehmens über die Einführung der betrieblichen Altersvorsorge unterrichte und kein Mensch stellt auch nur eine Frage.

Wenn Sie Ihre jetzigen Ansprechpartner nur aus der Kopfzeile der Policen kennen und jahrelang nicht beraten oder kontaktiert wurden: Weg da! Suchen Sie sich einen wirklich qualifizierten und kompetenten Berater, der Ihnen sympathisch ist und Ihre Wünsche in den Mittelpunkt stellt. Diese Berater gibt es zu tausenden in dieser Republik. Das kann ich Ihnen versichern.

In einem ausreichend langen Gespräch, in dem Sie immer fragen, wenn Sie etwas nicht verstanden haben, wird der Vermittler mit Ihnen schon das richtige Paket schnüren.

Er wird Ihnen nicht sagen können, ob und was in Ihrem Leben passieren wird, aber er wird mit Ihnen herausfinden, welche Risiken für Sie existenziell sind. Darum geht es doch letztendlich beim Grundgedanken einer Versicherung und nicht um das einfach verglaste Mini-Kellerfenster für 40 €.

Nutzen Sie Portale wie Check24 oder verivox maximal, um sich mal eine preisliche Orientierung zu verschaffen. Bei diesen Werbemonstern handelt es sich nämlich nicht um „Vergleichsportale", die mit caritativem Anstrich die Menschen glücklich machen wollen. Check24 ist nichts anderes als ein Versicherungsmakler im Gewand eines Wohltäters. Die lassen sich die Vermittlung fürstlich bezahlen, verlangen von den Versicherern frecherweise auch noch Werbekosten-Zuschüsse, damit die Versicherer im scheinbar so unabhängigen Ranking ein wenig weiter vorne auftauchen. Das Geld wird dann in nervige Werbespots investiert, die mir seit Jahren die Vorfreude auf die Sportschau ruinieren und am Ende die Produkte verteuern.

Die angebotenen Versicherungen und die Auswahl bekommen Sie bei jedem Makler, dann allerdings mit persönlicher Beratung vor Ort. Dort erfahren Sie dann auch, welche Verträge Sie wirklich brauchen, sofern Sie meine oben beschriebenen Ratschläge berücksichtigen.

Ich spüre es förmlich beim Schreiben dieses Kapitels. Viele Leser werden denken: „Geht es nicht doch etwas konkreter? Welche Versicherungen sind denn nun wichtig und welche weniger wichtig?"

Na gut. Für Sie doch gerne. Hier mal ein paar Ausführungen zu den gängigsten Versicherungen.

Privathaftpflichtversicherung

Bei diesem Produkt gibt es sogar aus der Ecke der Verbraucherschützer eine durchgängige Unterstützung. Die Notwendigkeit einer Privathaftpflichtversicherung wird grundsätzlich nicht infrage gestellt. Zu groß ist das Risiko, dass der fünfjährige Sohn mit dem Spielzeugauto das Original des Nachbarn auf eine besondere Art verschönert oder aus Versehen gleich den Stadtpark anzündet. Wer will das bezahlen?

Die meisten von mir eingereichten oder regulierten Schäden sind tatsächlich aus dem Bereich Haftpflicht. Einige Jahre waren Brillenschäden sehr häufig, danach vermehrt Unglücksfälle mit den neu aufgekommenen Smartphones.

Nur 67 % der Bundesbürger haben eine Privathaftpflichtversicherung. Und das, obwohl sie so wahnsinnig wichtig ist. Komisch, oder? Es gab nicht erst einmal die Forderung nach einer Versicherungspflicht für alle Bürger, um die Rechtsfolgen nach § 823 BGB abzusichern. Dort steht kurz gesagt drin: Wenn Du einem anderen einen Schaden zufügst, musst Du das bezahlen.

Für die meisten Fälle kommt die private Haftpflichtversicherung auf.

Kfz-Haftpflichtversicherung

Das ist einfach und schnell erklärt. Jedes zulassungspflichtige Kraftfahrzeug darf ohne Nachweis dieses Vertrages nicht bewegt werden. Deshalb gibt es in Deutschland auch 62 Millionen dieser Verträge. Absoluter Spitzenreiter.

Kfz-Kaskoversicherung

Bei neueren, geleasten und finanzierten Fahrzeugen meistens ein Muss.

Je älter ein Fahrzeug, desto eher lohnt sich ein Blick auf den Restwert im Vergleich zum Jahresbetrag der Vollkasko. 500 € für die Vollkasko eines Autos, das noch 3.000 € wert ist, das macht nicht viel Sinn.

Berufsunfähigkeitsversicherung

Statistisch gesehen wird jeder vierte Arbeitnehmer im Laufe seines Lebens berufsunfähig. Die Wahrscheinlichkeit schwankt zwischen 3 % bei Physikern und 52 % bei Gerüstbauern. Neben dem Alter, der Laufzeit und dem Gesundheitszustand ist der Beruf in der Tat ein gewichtiger Faktor zur Beitragsermittlung.

Darin stecken vermutlich die Gründe, weshalb 78 % der Deutschen auf den Versicherungsschutz verzichten. Es ist ihnen zu teuer.

Kleiner Tipp von mir: Lassen Sie sich dazu beraten, die Berufsunfähigkeit über die betriebliche Altersvorsorge abzusichern. Das kostet Sie dann ungefähr nur die Hälfte und der Chef muss in den meisten Fällen mindestens 15 % zusätzlich zuschießen. Da wird es dann sogar für Gerüstbauer bezahlbar. Es gibt allerdings auch Nachteile, da die Leistung dann nicht mit dem sog. Ertragsanteil, sondern voll versteuert werden muss. Nach gut 50 Seiten dieses Buches muss ich Ihnen wohl nicht mehr sagen, wer weitere Fragen hierzu bestens beantworten kann.

Hausratversicherung

80 % der deutschen Haushalte haben eine Hausratversicherung. Da kommt im Laufe der Jahre auch einiges zusammen. Selbst für die 5.000 € in der Studentenbude nicht uninteressant. Für relativ kleines Geld ist man gegen Feuer-, Einbruchdiebstahl-, Leitungswasser-, Sturm- und Elementarschäden versichert. Für mich als Münsteraner sehr wichtig: Den Schutz gegen Fahrraddiebstahl nicht vergessen. In meiner Heimatstadt wird alle 98 Minuten ein Zweirad entwendet.

Unfallversicherung

„Muss man nicht unbedingt haben", las ich neulich in der FAZ.

Dem kann ich mich nur zum Teil anschließen. Die Unfallversicherung zahlt nach einem Unfall mit bleibendem Schaden. Hier habe ich leider schon zu häufig schwere Fälle erlebt, als dass ich leichtfertig von einem solchen Vertrag abraten könnte. Die Kosten, um sein Leben nach einem schweren Unfall einigermaßen erträglich zu machen, sind nicht ohne und sollten ausreichend abgesichert werden.

Zusatzleistungen wie ein Unfall-Krankenhaustagegeld, Genesungsgeld, Haushaltshilfe und andere Bausteine sind in der Regel überflüssig und erhöhen unnötig den Beitrag. Wenn Sie trotzdem darauf stehen: kein Problem. Der Kunde ist König.

Todesfallversicherung

Nicht nur für den alleinverdienenden Familienvater mit frisch finanziertem Eigenheim eine sinnvolle Überlegung.

Bei dieser Versicherung kann man ruhigen Gewissens den günstigsten Anbieter wählen. Der Versicherungsfall lässt wenig Interpretation zu. Tod ist Tod. Da beißt die Maus keinen Faden ab.

Interessant aber ausdrücklich kein Tipp von mir: Sogar der Suizid ist in der Regel nach drei Jahren Vertragslaufzeit mitversichert.

Auslandsreisekrankenversicherung

Unbedingt abschließen, wenn Sie den Fuß auch nur gelegentlich über die deutsche Grenze bewegen. Ist mit irgendwas zwischen 8 und 20 € im Jahr der günstigste Vertrag im Portfolio, kann aber bei Krankheit im Ausland verdammt wichtig werden; von den hohen Kosten bei Rücktransport ganz zu schweigen. Machen Sie einfach eine sich selbst verlängernde Jahrespolice für sich oder die ganze Familie. Dann muss man nicht bei jedem spontanen Trip daran denken.

Rechtsschutzversicherung

Na, klar. Es gibt die Fälle, bei denen jemand sich durch die Instanzen klagt und für Anwälte, Gericht und Gutachter irre Kosten entstehen. Trotzdem ist ein solcher Vertrag ein Stück Luxus. Für Unternehmer eine gute Möglichkeit, die Rechtskosten eines Betriebes kalkulierbar zu machen. Im Privaten würde ich empfehlen: Wenn Rechtsschutz, dann mit einer Selbstbeteiligung, damit die Beiträge noch Spaß machen.

Es gibt noch zig weitere Versicherungen für die kleinen „Schadenfälle" und Kosten des Lebens. Zahnprophylaxe-, Brillenversicherung, Handyabsicherungen, Verträge, die die Kosten für eine Rohrverstopfung bezahlen u. v. m.

Meine Meinung: In die Tonne damit.

Mal im Ernst. Statt für jeden Furz und Feuerstein einen kleinen Versicherungsvertrag abzuschließen, packen Sie sich die Kohle lieber auf die Seite. Wie hoch ist die Wahrscheinlichkeit, dass Sie sich nach einer Zahnbehandlung und mit schmerzverzerrtem Gesicht auf Ihre Brille setzen, vor Schreck das Smartphone fallen lassen und beim Gang durch den Keller die Rohrverstopfung entdecken? Für solche Ereignisse hat man in der Regel etwas auf dem Sparbuch liegen.

Sichern Sie sich gegen die Risiken ab, die Ihre Existenz gefährden können und die Sie sich leisten können und wollen. Wenn Sie über Rücklagen oder ein kleines Vermögen verfügen, vereinbaren Sie Selbstbeteiligungen im Schadenfall. Das spart Beiträge und reduziert den Versicherungsschutz auf das Nötigste. Kleinschäden kann man zur Not auch selbst zahlen.

Zu guter Letzt, falls ich es noch nicht erwähnt haben sollte: Lassen Sie sich doch helfen und beraten. Sie wissen schon von wem. Der sympathische, freundliche Versicherungsvermittler von nebenan.

Den gibt es übrigens in unterschiedlicher Ausführung.

Sie sind der Meinung, alle Versicherungsvertreter sind gleich? Weit gefehlt. Seien Sie doch so freundlich und folgen mir in das nächste Kapitel. Dort gibt es Klarheit.

Kapitel 6

Wie hätten Sie's denn gerne?
Die unterschiedlichen Möglichkeiten, einem Versicherungsvermittler zu begegnen

In den Augen vieler Kunden ist ein Versicherungsvertreter wie der andere Er läuft mit Aktentasche und Laptop durch die Gegend und sammet Unterschriften. Sie wissen, ich kämpfe mit diesem Buch für die Beseitgung dieser Vorurteile.

Natürlich gibt es grundsätzliche Unterschiede bei den knapp 200.000 Vermittlern. Charakterlich und äußerlich finden Sie unter meinesgleichen einen identischen, repräsentativen Schnitt der Gesellschaft wie bei Bäckern, Investmentbankern, Ärzten oder Politikern. Freunden der These, dass Versicherungsvertreter Verbrecher und alle gleich sind, gebe ich noch 95 weitere Seiten, um dieses Vorurteil abzulegen.

Ich erspare Ihnen jetzt ein paar Dutzend Zeilen mit juristischen Grundlagen und Verordnungen, in denen geregelt ist, in welcher Funktion jemand in Deutschland Versicherungen vermitteln darf.

Dem Ruf meiner wundervollen Branche zufolge, denken sich vermutlich viele Kunden bei der Frage, wer eigentlich überhaupt in unserem Land Absicherungen vermitteln darf: „Ja, sicher. Weiß ich. Alle, die nichts anderes können." Dazu werde ich mich später noch auslassen, aber wie schon gesagt: Geben Sie mir bitte noch ein paar Kapitel, um Sie auf meine Seite zu holen.

Vorausgesetzt, Sie entscheiden sich nicht für den Weg, Ihre Versicherungen bei einem Direktversicherer abzuschließen, gibt es vier Varianten, sich von einem Berater wie mir helfen zu lassen.

Mal kurz noch ergänzt. Direktversicherungen sind Gesellschaften, die ohne Außendienst und persönliche Beratung arbeiten und Versicherungsverträge per Post, telefonisch oder über das Internet vertreiben. Dadurch sparen sie sich Kosten und können somit recht günstige Angebote machen. Kann man bei ganz einfachen Produkten wie der Reisekrankenversicherung sicher mal probieren.

Das ist ein bisschen wie bei McDrive Essen gehen. Angucken, entscheiden was man will und satt werden. Erfüllt den Zweck, ist aber mit einem Restaurantbesuch nicht zu vergleichen.

Das Bild mit dem Restaurant gefällt mir. So kann ich Ihnen etwas anschaulicher die Unterschiede der am Markt tätigen Versicherungsvermittler erklären.

Das Stammlokal – Der gebundene Versicherungsvermittler

Der gebundene Versicherungsvermittler ist, wie das Wort schon sagt, an ein einzelnes Unternehmen gebunden. Über 60 % der in Deutschland registrierten Vermittler arbeiten gebunden an eine Gesellschaft. Das sind die Büros, die einem ins Auge fallen, weil diese in der Regel das Logo ihres Vertragspartners als Leuchtreklame über dem Eingang hängen haben.

Der gebundene Versicherungsvermittler oder auch Ausschließlichkeitsvertreter ist sozusagen das Restaurant um die Ecke. Hier bekommen Sie verschiedene Speisen, allerdings alle aus ein und derselben Küche. Sie können sich entscheiden, ob sie bei der Allianz Stube, im Axa Tempel oder im HDI Wirtshaus speisen wollen. Dort sind Sie auf deren Menükarte angewiesen und begrenzt. Das kann richtig gut schmecken und es gibt Leute, die gerne immer im selben Restaurant essen. 500 Restaurants in der Stadt, aber jeden Sonntag zu „Salvatore" und die Nummer 54 mit doppelt Käse.

Es gibt auch Menschen, die das Schnitzel bei der Provinzial genießen, den Salat von der ERGO lieben und für das Wokgericht zur Gothaer gehen. Funktioniert auch. Dann gehen Sie halt in drei verschiedenen Läden essen.

Schwierig wird es dann, wenn Sie den Kellner der Allianz und seine phantastische Art, die Speisen zu erklären, bevorzugen, aber den Gemüseauflauf am liebsten bei der Helvetia verputzen, wo Ihnen jedoch die Bedienung überhaupt nicht gefällt. Da kommen wir zur zweiten Variante.

Der ungebundene Lieferdienst – Mehrfachagent

Der Mehrfachagent ist am besten mit dem pinken Lieferservice „Foodora" zu vergleichen. Sie wollen den Tofu-Burger von der WWK Versicherung, die Pizza von der Signal Iduna und das Sushi von der Barmenia? Außerdem wollen Sie noch wissen, in welchem dieser Läden gerade Happy Hour ist? Kein Problem. Sofern der Mehrfachagent mit diesen Gesellschaften Vereinbarungen zur Vermittlung getroffen hat, besorgt er Ihnen die Köstlichkeiten.

Sie müssen ihm jedoch sagen, welches Essen Sie von welchem Restaurant möchten. Er hat in der Regel auch nur einige verschiedene Gastronomien im Angebot. Wenn Ihre Lieblingsläden dabei sind und der nette Mann vom Lieferdienst Ihnen gefällt, eine gute Wahl.

Der Einkaufsdienst – Versicherungsmakler

Der Versicherungsmakler ist ebenfalls ein Lieferdienst, allerdings mit einigen Bonbons. Dem Versicherungsmakler teilen Sie mit, was Sie gerne essen wollen. Er berät Sie und findet mit Ihnen heraus, welche Speisen Sie möchten und dann macht er sich auf die Suche. Er arbeitet in der Regel mit nahezu allen Restaurants der Stadt zusammen und hat darüber hinaus die Pflicht, für Sie nun die Restaurants zu suchen, die Ihre Leibspeisen in der gewünschten Qualität am günstigsten anbieten. Dort kauft er in Ihrem Auftrag ein und liefert die Leckereien frei Haus. Er wird jährlich überprüfen, ob er bessere Angebote für Sie findet und in dem Fall einfach woanders für Sie einkaufen, wenn Sie ihm das vorher erlaubt haben.

Der Restaurantführer – Honorarberater

Nur 349 der im Oktober 2018 registrierten 204.148 Versicherungsvermittler sind Versicherungsberater gegen Honorar.

Die ersten drei beschriebenen Vermittler-Varianten arbeiten auf Provisions- beziehungsweise Courtagebasis. Sie erhalten die Vergütung von den Versicherungsgesellschaften, an die sie die Verträge vermitteln. Die Provisionen sind immer bereits in den Beiträgen des Kunden enthalten.

Anders beim Versicherungsberater. Er ist der städtische Restaurantführer, der sich die Wünsche vom hungrigen Kunden anhört und diesem dann empfiehlt, in welchem Restaurant im Ort er die gewünschten Gerichte bekommt und was er besser nicht verspeisen sollte. Für die Beratung bekommt er vom Kunden ein Honorar.

Nun haben Sie die Qual der Wahl. Es gibt sicherlich Gründe und Argumente für jede Art der Beratung, sogar für den Abschluss online und ohne Beratung.

Der Mensch muss essen. Einige fahren in den Drive In und sehen in dem Prozess der Nahrungsaufnahme mehr eine Notwendigkeit, als einen Genuss. Andere lieben es, sich beraten und verwöhnen zu lassen. Sie wollen ein Fünf-Gänge-Menü und leckeren Wein dazu.

Genau diese Bandbreite bietet die Versicherungsindustrie. Die Menschen und Unternehmen wollen und müssen sich versichern. Um das zu tun, gibt es eine große Auswahl der Möglichkeiten, wie sie an ihr Ziel kommen können. Das ist gut so. Es gibt gute, aber auch weniger gute Vermittler in allen Kategorien. Die unterschiedlichen Konstrukte sprechen verschiedene Klientel an. Das ist die wirtschaftliche und übliche Diversität unserer marktwirtschaftlichen Gesellschaft.

Leider gibt es Abgeordnete des europäischen und des deutschen Parlaments, die hier verheerende Einschnitte vornehmen wollen. Man möchte den Honorarberater in den Vordergrund rücken und die Provisionen verbieten. Zur Erinnerung: Zur Zeit sind gerade einmal 0,15 % aller registrierten Vermittler auf Honorarbasis tätig. Man kann hier also nicht von einer erheblichen Nachfrage der Versicherten sprechen.

Politische Vorstöße, die Vermittlung gegen Provision zu unterbinden und stattdessen die Honorarberatung zu bevorzugen, sind totaler Unsinn. Solche Entscheidungen gab es bereits in England. Wissen Sie was dann passiert ist? Die ärmeren Haushalte des Königreichs waren häufig nicht bereit, für die Dienstleistung zu bezahlen. Die Honorarberater sind folglich dahin gegangen, wo sie Geld verdienen können. V. a. in den wohlhabenden Süden der Insel. Im Nordteil Englands spricht man aufgrund dieser Entwicklung schon von einem erheblichen Problem der Altersvorsorge und Absicherung der Bevölkerung, was die strukturellen Sorgen der Region potenziert.

Denn eines ist klar: Ohne die Versicherungsberater und -vermittler hätte unsere Gesellschaft ein Handicap. Warum? Weil eben auch eine Menge passiert und ein Versicherungsvertrag vor dem wirtschaftlichen Schaden eines unerwarteten und nicht planbaren Ereignisses schützt.

Wie viele Menschen in unserem Land sind nach einem Autounfall heilfroh, dass ihnen ihr Berater zur einer Vollkaskoversicherung geraten hatte? Wie viel schlimmer wäre die Altersarmut, wenn nicht freundliche, aber penetrante Gattungen meiner Spezies immer und immer wieder auf die Rentenlücke hinweisen würden? Was werden die immer häufiger von Hochwasser und Überschwemmung überraschten Menschen tun, wenn ihnen nicht meine Kollegen dieser Welt dringend den Einschluss der Elementarschäden anraten?

Die Leute haben keine Lust auf das Thema Versicherungen, wissen aber, dass es ohne auch irgendwie blöd ist. Wie gut, dass es in Deutschland rund 200.000 Menschen wie mich gibt. Wir lieben es, über diese Themen mit Ihnen zu sprechen und Ihnen die nötige Arbeit abzunehmen. Wir wälzen uns in den Versicherungsbedingungen und picken für Sie das Passende heraus. Im Schadenfall kümmern wir uns um Sie und stehen Ihnen bei. Wir spenden Trost, sorgen für schnelle Hilfe und unterstützen beim ganzen Papierkram. Toll, nicht wahr?

Vielleicht machen Sie mal kurz eine Pause beim Lesen, um zu überprüfen, ob Ihr Versicherungsvermittler schon in Ihrem Geburtstagskalender vermerkt ist und womit Sie ihn zu Weihnachten überraschen wollen.

Sie sind noch nicht so weit? Da sind noch ein paar Hindernisse zwischen Ihrem Agenten in Sachen Versicherung und Ihrem Herzen? OK, dann machen wir weiter.

Kapitel 7

Warum zahlen Versicherungen eigentlich nicht, wenn man sie braucht?

Neulich wurde mir kurz vor Feierabend noch ein großer Schaden gemeldet, den ich abends noch schnell besichtigte. Bei einem noch nicht bezogenen Neubau stand ca. 1,5 m hoch das Wasser im Keller. Eine Riesensauerei. Die nagelneue Heizungsanlage im Eimer, Bodenbeläge ruiniert, der Putz an den Wänden vollgesogen und das, bevor auch nur der erste Mieter einen Fuß in das Gebäude gesetzt hatte. Das wird mehrere 10.000 € teuer. So viel konnte man schnell erkennen. Der Bauherr war fix und fertig und sehr aufgeregt. Verständlich. Er wollte gerne direkt vor Ort von mir hören, dass seine Gebäudeversicherung den Schaden übernimmt und ich am nächsten Tag die Kavallerie schicke, um den Schaden zu beseitigen.

Leider musste ich ihn enttäuschen. Wie so oft bei Wasserschäden muss zunächst mal festgestellt werden, woher das Wasser denn kommt. Es hatte in den Tagen zuvor stark geregnet und der Kunde argumentierte, dass man doch von einem Elementarschaden ausgehen müsse. Das sei doch sicherlich mitversichert, so der Kunde. Ich musste ihn erneut enttäuschen. Elementarschäden sind nicht in seinem Vertrag eingeschlossen. Er hatte beim Abschluss behauptet, er bräuchte die Absicherung nicht.

„Wer keinen Schadenfall hat, kann seinen Versicherer nicht erleben." Das hat mal ein Vorstand auf einer Tagung von sich gegeben, auf der ich anwesend war. An der Aussage ist sicherlich was dran.

Man könnte die Aussage noch ergänzen. „Wenn ein Versicherungsvermittler einen Schadenfall meldet, der nicht versichert ist, kann der Vertreter aber auch was erleben." Jede Menge Ärger. Da ist leider auch was dran.

Es gibt kaum eine Situation in meinem Beruf, die ich so sehr fürchte, wie einen Schadenfall, der nicht versichert ist. Vielleicht noch der Moment, wenn ich die Gesundheitsfragen zu einer Krankenversicherung mit dem Kunden durchspreche, der deutlich zu klein ist für sein Gewicht, mir etwas von der Geschlechtskrankheit berichtet, die er direkt in Thailand behandeln ließ und bei den Fragen zu Hauterkrankungen den Pullover hochzieht, mir seinen handtellergroßen Leberfleck zeigt und fragt, ob er den angeben muss. Solche Erfahrungen muss man auch nicht zu oft machen.

Situationen, in denen mir ein nicht versicherter Schaden gemeldet wird, kommen deutlich häufiger vor. Ich mag diese Momente nicht, weil sie Stress mit sich bringen, selbst wenn ich bei den Beratungen alles richtig gemacht habe. Regelmäßige Jahresgespräche mit der Bedarfsermittlung des Kunden, die einzelnen Verträge durchgesprochen, Gestaltungsmöglichkeiten erörtert und auf Deckungslücken hingewiesen.

Am Ende bleibt mindestens Mitleid, da der Kunde nun mit den Kosten alleine dasteht. Manchmal macht man sich dann ganz verrückt und denkt sich: „Hätte ich ihm den Versicherungsschutz nicht dringender empfehlen sollen?"

Vor einigen Wochen brannte die Wohnung der Mutter eines Kunden. Ca. 25.000 € Schaden. Es bestand keine Hausratversicherung. Die Mutter ist nicht meine Kundin, aber trotzdem fühlte ich mich ein Stück mitverantwortlich. Hätte ich nicht mal nach dem Versicherungsordner fragen und diesen checken sollen?

Vielleicht bin ich auch zu sensibel. Gut, dass ich nicht im Krankenhaus arbeite. Die Fälle, in denen ich dort nicht helfen könnte, würden mich vermutlich um ganze Nächte bringen.

Wenn der Kunde durch seinen Versicherungsvermittler erfährt, dass ein Schaden nicht abgesichert ist, gibt es nach meiner Erfahrung vier verschiedene Möglichkeiten, wie der Geschädigte damit umgeht.

Variante A – Einsicht

Ich erkläre dem Kunden in aller Ruhe, dass sein zerstörtes Handy leider nicht über seine Privathaftpflichtversicherung abgedeckt ist, weil eine Haftpflichtversicherung immer nur Schäden an Dritten, also den Fremdschaden, übernimmt. Außerdem habe er das Handy nach der Niederlage der Deutschen Fußball-Nationalmannschaft gegen Südkorea, verbunden mit dem sensationellen Ausscheiden in der Vorrunde der Weltmeisterschaft, gegen die Wand geworfen und das sei Vorsatz, erkläre ich ihm. Vorsatz ist per se in jedem Versicherungsvertrag ausgeschlossen.

Der Kunde versteht das und stellt einsichtig fest: „Da kann man dann wohl nix machen". Meine absolute Lieblingsreaktion bei nicht versicherten

Schadenfällen. Ein Kunde, der Verständnis mitbringt und anschließend keine kleine, grauhaarige Voodoo Puppe bastelt, die mir verblüffend ähnlich sieht, um anschließend Stricknadeln in sie hineinzustecken.

Variante B – Der vermeintliche Beratungsfehler

Ein Versicherungsnehmer kommt mit einem Lenkrad in der Hand in die Agentur und berichtet, das sei das einzige, was nach dem unerwarteten Zusammentreffen mit einem Schützenpanzer „Marder" von seinem Audi A6 noch heil geblieben sei. Zum Glück gäbe es für solche Fälle ja eine Vollkasko.

Wenn man nun darauf hinweist, dass für das Fahrzeug lediglich eine Teilkaskoversicherung besteht, die einen Zusammenprall mit einem Panzer oder andere selbstverschuldete Unfälle nicht bezahlt, wird es schnell ungemütlich. Ein nicht seltener Vorwurf in diesen Augenblicken wird immer wieder in etwa so formuliert: „Wieso habe ich keine Vollkasko? Ich wollte doch eine Vollkasko? Mein Auto ist immer Vollkasko versichert?"

Wissen Sie, liebe Leser. Es mag einige von Ihnen überraschen, aber Versicherungsvertreter sind auch nur Menschen und Menschen machen Fehler. Für solche Fälle hat jeder registrierte Vermittler eine Vermögensschadenversicherung, die dann leistet, wenn einem Kunden durch einen Beratungsfehler ein Schaden entstanden ist.

Ich erinnere mich an einen Fall, der mir 1999 passiert ist. 28.000 DM wurden damals gezahlt. Soll nicht vorkommen, kann aber. Dafür ist man halt versichert.

Versicherungsnehmer, also die Kunden, sind ebenfalls auch nur Menschen. Die machen natürlich auch mal Fehler. Z. B., indem sie eine wichtige Versicherung nicht abschließen, einzelne Bausteine eines Vertrages abwählen oder einfach eine fehlerhafte Erinnerung abgespeichert haben, die sie glaubhaft annehmen lässt, den nicht versicherten Fall in die Police eingeschlossen zu haben.

Dann passiert genau so ein Fall und der Kunde ist enttäuscht. Das kann ich auch gut verstehen. Allerdings werden seit einigen Jahren Beratungsgespräche in unserer Branche dokumentiert. Zum Glück. Ansonsten hat man eine unangenehme Aussage-gegen-Aussage-Situation. Für beide Seiten blöd.

Mit Hilfe der Dokumentation, wenn sie denn vom Vermittler sauber und ausreichend geführt wird, lässt sich schnell klären, ob die fehlende Vollkasko ein Versehen war, also der Kunde den Schutz wollte oder der Mandant sich bewusst dagegen entschieden hat.

Wenn man in einem solchen Fall dem Klienten nicht mit mangelhafter Empathie triumphierend den Entlastungsbeweis vor die Nase hält, dabei singt: „Ätschi, habe ich doch gewusst", sind die Chancen sehr groß, dass man weiterhin den Kunden als solchen behält.

Ich komme später noch zum Thema „Bürokratie und Regulatorik in der Versicherungsbranche". Bei allem Unverständnis für einige Auswüchse und Entscheidungen aus Brüssel: Die Dokumentationspflicht der Beratungsgespräche bringt Klarheit und hilft, Ärger zu vermeiden. Das klappt aber leider nicht immer.

Variante C – Der Verschwörungstheoretiker

Kennen Sie die Situation? Ihr gegenüber glänzt mit selbstsicher vorgetragener Ahnungslosigkeit und behauptet Dinge, die Sie locker flockig widerlegen können. Sie bringen die besten Argumente. Sachlich, einleuchtend und ihr Gegenüber ist komplett beratungsresistent?

Das kann man in vielen Talkshows beobachten. Oder in der Politik. Noch besser: Politiker in Talkshows. Du meine Güte. Da bringt jemand wissenschaftlich fundierte Fakten und belegt, dass der Klimawandel längst in vollem Gange ist und die Lindners dieser Welt ignorieren die Erkenntnisse komplett und posaunen reflexartig ihre Ansichten aus dem Parteiprogramm heraus, anstatt erstmal ein paar Synapsen miteinander arbeiten zu lassen.

Reden Sie doch mal mit einem Menschen, der die Abläufe vom 11.9.2001 anzweifelt, weil er drei Überschriften auf Facebook und eine Reportage auf N24 zu einem investigativen Journalismus hat mutieren lassen. Da kommen Sie nicht weiter. Keine Chance.

Genauso bei Mondlandungsleugnern, den drei Mal schlauen Sympathisanten der Pegida oder Anhängern des Kreationismus. Die sind davon überzeugt, dass die Erde irgendwas zwischen 6.000 und 10.000 Jahre alt ist. Die Wahrscheinlichkeit, eine Veränderung derer Annahmen zu erreichen, liegt im Promillebereich.

Zurück zu meinem so wunderschönen Beruf und der Verbindung zu den Beratungsresistenten.

Wenn ich auf einen Kunden mit oben genanntem Verhaltensmuster treffe und versuche, Gründe für die Ablehnung eines Schadenfalls zu erklären, bin ich als Vermittler nicht nur zu bedauern, nein, ich bin auch chancenlos wie Eddie the Eagle bei den Olympischen Winterspielen 1988.

Egal, wie sorgsam und schlüssig ich die unschöne Nachricht überbringe. Der Kunde ignoriert meine Bemühungen und posaunt: „Immer das gleiche. Da hat man mal einen Schaden und dann will die Versicherung nicht zahlen."

Ich erkläre gerne bei nicht versicherten Ereignissen, dass der Kunde sich für sein Geld eine bestimmte Portion Versicherungsschutz kauft. Was in seinem Paket ist, hat er mit Hilfe der Beratung selbst entschieden und das wiederum wurde dokumentiert. Wenn dann etwas passiert, für das er kein Geld zahlt, kann er dafür auch keine Leistung verlangen. Man geht ja auch nicht ins Restaurant, bestellt sich einen Salat und geht dann ohne dafür zu bezahlen auch noch ans Schnitzel-Büfett.

Egal, was man sagt. Egal, wie lange man sich dafür Zeit nimmt. Nach der Begründung und dem Vortragen von einleuchtenden Argumenten endet es oft mit: „Dann kündige ich am besten meine Versicherungen. Die brauche ich ja sowieso nicht. Wenn was ist, zahlen die ja nicht." Da hilft es, wenn man am Abend zuvor seinen Volkshochschulkurs „Entspannung für Verzweifelte" mit Prädikat beendet hat. Tief durchatmen und ruhig bleiben. Auch sehr beliebt ist der Spruch: „Da ist man ehrlich und sagt die Wahrheit und am Ende ist man der Dumme." Wie soll man da weiterkommen? Ich kann doch auch nicht in die Bank gehen, zum Geldschalter laufen und sagen: „Geben sie mir mal bitte 10.000 €. Ich hätte ja auch 'ne Waffe mitbringen können." Der Kunde möchte belohnt werden, weil er die Wahrheit sagt. Ein interessanter Neuansatz im Strafrecht. Das ist ein guter Übergang zur nächsten Stufe.

Variante D – Mit einem Bein im Gefängnis

Ich schreibe dieses Buch, weil ich darum kämpfe, dass mein Berufsstand in der Öffentlichkeit wertschätzender und angenehmer wahrgenommen wird. Natürlich ist mir klar, dass es die berüchtigten schwarzen Schafe im Versicherungsaußendienst gibt. Dazu werde ich mich noch ausführlich auslassen. Später.

Bitte erlauben Sie mir die Feststellung, dass es allerdings auch unfassbar freche, ja, kriminelle Exemplare unter den Versicherten gibt. Darüber wird viel seltener geschrieben als über Falschberatungen der Versicherungsvertreter.

Dazu mal etwas Statistik. Im Jahr 2018 gab es in Deutschland ganze 283 Beschwerden beim Ombudsmann für die Versicherungswirtschaft. Dem gegenüber stehen 431 Millionen (!) Versicherungsverträge.

Ja, mir ist natürlich klar, dass nicht jede Unzufriedenheit und Falschberatung beim Ombudsmann landet. Einige Fälle gehen auch sofort zum Anwalt oder vor das Gericht. Allerdings sind 283 Anmeldungen bei der Schlichtungsstelle in Berlin schon ein Indiz dafür, dass die Menschen in unserer Republik nicht flächendeckend von ihren Versicherungsberatern übers Ohr gehauen werden.

Dem gegenüber steht die Zahl der Versicherungsbetrüger. In einer repräsentativen Umfrage des Statistikportals „statista" gaben 5 % der Befragten an, schon einmal die Versicherung betrogen zu haben. Und weitere 10 % haben darüber nachgedacht.

Man kann natürlich nicht die Falschberater unter meinen Kollegen mit den Versicherungsbetrügern auf der anderen Seite aufwiegen oder gar rechtfertigen. Das macht ja nun mal gar keinen Sinn. Allerdings ist es in meiner Branche ein bisschen so wie mit dem Finanzamt. Ein paar kleine Unwahrheiten in der Steuererklärung, die in bar bezahlte Handwerkerrechnung oder ein Fässchen Bier für die Schwarzgeld-Kasse. In den Augen vieler Steuerzahler ein Kavaliersdelikt. Und Versicherungsbetrug? Das wird der Befragung nach von 15 % der Bevölkerung als akzeptabel angesehen. Nur mal so zur Klarstellung: Wer des Versicherungsbetruges überführt wird, begeht eine Straftat, die im schlimmsten Fall mit Gefängnisaufenthalt geahndet wird.

Ganz besonders schlimm ist es, wenn ein Kunde die Auskunft seines Versicherungsmaklers bekommt, dass der gemeldete Schaden nicht versichert ist und dann vorschlägt: „Kannst Du das nicht passend machen? Du weißt doch, was man schreiben muss."

Der Kunde möchte seinen Vertreter als Mittäter gewinnen. Konsequenzen für den Vertreter, wenn er erwischt wird: Sofortige Kündigung seines Vermittlervertrages durch die Versicherungsgesellschaft, Anzeige, Verlust der gesamten Abfindungsansprüche des Handelsvertreters und eine Eintragung in der Auskunftsstelle für den Versicherungsaußendienst, kurz AVAD. Die Chance, anschließend in der Branche noch mal ein Bein auf die Erde zu bekommen, ist ungefähr so hoch wie die Wahrscheinlichkeit, dass die YouTube Erklär-Ikone Jay Jay Jackpot den Literaturnobelpreis erhält.

Leider gibt es immer noch einige Kollegen, die sich zu diesen „Hilfsdiensten" hinreißen lassen. Wenn man bei solchen „Deals" nicht mitmacht, muss man sich auch noch Vorwürfe gefallen lassen. Ein Firmenkunde teilte mir neulich mit, dass er bei seinem vorherigen Versicherungsvermittler nur die Rechnungen abgeben musste. Den Rest habe er dann passend gemacht. Glückwunsch. Wie hoch ist wohl die Wahrscheinlichkeit, dass solche Vertreter nur die Versicherungsunternehmen betrügen und nicht den Kunden?

Wer einen Schaden hat, braucht einen guten Berater. Nicht, um eine Schilderung passend zu den Versicherungsbedingungen zu beschreiben, sondern um dafür zu sorgen, dass die Schadensregulierung richtig, schnell und vollumfänglich passiert. Welcher Kunde weiß z. B., dass ihm bei einer Entschädigung 4 % Zinsen zustehen oder wie hoch die Eigenleistungen abgerechnet werden können?

Darauf hinzuweisen, ist die Aufgabe eines Beraters. Das wird einem kein Direktversicherer, den man sich über das Internet gesucht hat, von sich aus mitteilen.

Seinen Versicherungsvertreter um einen kleinen „Hilfsdienst" zu bitten, damit ein nicht versicherter Schaden doch bezahlt wird, ist, sorry, aber ich kann es nicht anders ausdrücken, eine Riesenschweinerei. Für Vertreter, die sich darauf einlassen, ist es das Tor zur Hölle. Im schlimmsten Fall spricht sich dieser „Zusatzservice" herum und gleich geartete Kunden werden ihm von selbst zulaufen. Eine Spirale, die letztendlich nur in einer Katastrophe enden kann.

Für nicht versicherte, grundsätzlich jedoch versicherbare Risiken gibt es den Antrag auf eine Entschädigung aus Kulanz. Hier kann der Vertreter helfen. Völlig legal. Ob es am Ende klappt, hängt von der Entscheidung der Schadenabteilung und einigen Rahmenbedingungen ab. Vielleicht kommt am Ende wenigstens eine Teilentschädigung heraus. Ein kleiner Erfolg und das große Gefühl, ehrlich geblieben zu sein.

Übrigens: Der vollgelaufene Keller wird von der Gebäudeversicherung übernommen. Zum Glück war es keine Überschwemmung, sondern der klassische Rohrbruch einer Zuleitung.

Der Kunde ist glücklich und ich bin es auch.

Kapitel 8

Das war nicht billig – Bedeutende Versicherungsfälle

Ich halte sehr häufig und liebend gerne Vorträge bei Veranstaltungen in meiner Branche. Ob bei der Jahresauftakt-Veranstaltung eines Außendienstes, Betriebsversammlung oder dem Fest eines Verwaltungsstandortes oder als Redner auf einem Personalkongress der Assekuranz. Leidenschaftlich und mit Herzblut versuche ich, bei meinen Berufskollegen in einer Mischung aus kabarettistischem „Den Spiegel vorhalten" und ernsten Botschaften die Freude an unserem Beruf zu konservieren oder neu zu entfachen.

Eine Frage, die ich in diesen Vorträgen gerne ans Publikum stelle ist: „Was verkaufen wir Versicherungsvermittler eigentlich tagtäglich den Kunden?" Zögerlich und schüchtern kommen dann vereinzelt Antworten wie „Wir verkaufen uns", „Vertrauen" oder „Sicherheit". Das mag alles zum Teil stimmen. Allerdings trifft es nicht den Kern. Hauptsächlich ist es etwas anderes, das wir verkaufen, wenn wir Gespräche mit Interessenten unserer Produkte führen. Etwas Kräftigeres als Vertrauen oder Sicherheit. Etwas, das unsere Urinstinkte anspricht. Das wir zum Überleben brauchen, weil es uns in gefährlichen Momenten durch die Ausschüttung von Hormonen die nötige Achtsamkeit gibt, die Reflexe verstärkt und die erforderlichen Mechanismen in Gang setzt, um einen kritischen Moment zu bewältigen. Es ist die Angst. Der wichtigste Verbündete der Versicherungswirtschaft.

Ja, wir verkaufen Angst. Ohne Furcht vor dem, was passieren könnte, wäre meine Arbeit vermutlich gar nicht möglich.

Sie kennen doch die Situation. Der Versicherungsvermittler sitzt abends um 19 Uhr auf Ihrem Wohnzimmersofa und argumentiert bezüglich der Vorzüge diverser Versicherungsverträge. Irgendwann werfen Sie ein „Ich brauche keine Privathaftpflichtversicherung". Was macht der Vertreter? Er wartet. Wenn Sie dann im weiteren Verlauf des Gesprächs mit Blick auf die Uhr darauf hinweisen, dass Sie nicht mehr ganz so viel Zeit haben, weil noch das Fahrrad geflickt werden müsse, dann ist es so weit. Der Berater bekommt eine Steilvorlage und greift an: „Wie, bitte? Sie fahren Fahrrad und haben keine Privathaftpflichtversicherung? Stellen Sie sich mal Folgendes vor: Sie radeln nach Feierabend gemütlich über die

Bundesstraße 54, in Gedanken schon auf dem heimischen Lesesessel, überqueren die Straße ohne zu gucken und ein polnischer LKW, beladen mit 40 Tonnen Pyrotechnik muss Ihnen ausweichen. Der geschockte, überforderte Fahrer reißt das Lenkrad herum, kommt von der Straße ab und rast ungebremst in eine Tankstelle. An der Tanksäule steht gerade ein Reisebus mit 50 amerikanischen Rechtsanwälten auf Europatour, die nach dem nun folgenden Knall ein jähes Ende findet. Wer soll das bezahlen?"

So oder so ähnlich haben Sie es doch sicherlich auch schon einmal erlebt. Der gute Versicherungsvermittler hat sie drauf – die Schadenfälle dieser Welt.

Mal unter uns. Ich arbeite mittlerweile über 30 Jahre in der Versicherungsbranche. Ich habe ihn noch nie erlebt, diesen Fall. Auto weicht Fahrrad aus und rast in die Zapfsäulen. Auch die oft herangezogene Katastrophe einer durch Unachtsamkeit vom Sockel gestoßenen Ming Vase musste ich in den drei Jahrzehnten nicht ein einziges Mal zur Regulierung beantragen. Ich hatte auch noch keinen Rechtsschutzfall, weil sich zwei Nachbarn darüber gestritten haben, wer denn nun die über die Grundstücksgrenze gewachsenen Äste des Kirschbaums abernten darf. Sie erinnern sich vielleicht an den Werbespot der Allianz aus den 80er Jahren.

Der Mensch kann mit Bildern und Beispielen besser umgehen als mit blanker Theorie. Also ist es erforderlich, das Kopfkino der Kunden mit Prospekten, Werbefilmen oder gut vorgetragenen Schadenfällen anzuwerfen.

Nicht ohne Grund gibt es vor Fußball-Übertragungen im Fernsehen immer kurz vor dem Anpfiff noch irgendeine Bierwerbung. Das einladende Geräusch zweier geöffneter Flaschenbiere, an denen die Wassertropfen als Indiz eiskalten Inhalts herunterperlen, lassen einen wie in Trance zum Kühlschrank gehen, um das entstandene Verlangen zu stillen.

Während nach dem Genuss der Flasche Bier der Durst gestillt und eine durch den Alkohol bedingte Entspannung eintritt, hat der Kunde meines Berufsstandes nach dem Konsum eines Versicherungsproduktes eine andere Art der Befriedigung. Er hat Sicherheit. Um diesen Schutzreflex auszulösen und mit den Errungenschaften meiner Branche und einer Unterschrift in die richtige Richtung zu lenken, braucht der Interessent die nötigen Bilder im Kopf. Das ist nicht unseriös oder ein Verkaufstrick. Es ist schlicht und ergreifend hilfreich, um die Notwendigkeit einer Dienstleistung zu beschreiben, die vorrangig auf dem Papier und auf dem Bildschirm stattfindet.

Auch wenn ich die gerade beschriebenen Fälle noch nicht selbst erlebt habe. Es gibt sie tatsächlich. Versicherungsfälle, die passieren, beim Unternehmen als Schadenfall eingereicht und – Achtung – auch bezahlt werden.

In der Wahrnehmung einiger Kunden mag es so sein, dass sie glauben, wenn man versichert sei, passiert entweder sowieso nie etwas oder, noch schlimmer, wenn etwas passiert, zahlen die „windigen" Versicherungen nicht. In den Augen dieser Kunden gibt es Millionen Schadensachbearbeiter, die lediglich damit beauftragt sind, unter fadenscheinigen Gründen den Leistungsfall für den Versicherer zu verhindern. Diese Menschen haben allesamt verdammt gute Augen. Sie müssen das ganze Kleingedruckte der einzelnen Policen lesen und kennen, damit sie eine der vielen juristischen Hintertürchen nutzen können, die dazu dienen, einen Schaden abzulehnen.

So viel zu einem weiteren Klischee, gegen das sich mein Berufsstand erwehren muss.

An dieser Stelle lasse ich mal einfach die Zahlen des Gesamtverbandes der deutschen Versicherungswirtschaft (GdV) für sich sprechen. Jedes Jahr bearbeiten die deutschen Versicherungsunternehmen insgesamt 23 Millionen Versicherungsfälle. Das sind 62.000 am Tag. Da ist sicherlich auch mal die eine oder andere Ming Vase und Tankstelle dabei. Und noch vieles mehr.

Mehr als 50 Mrd. € wurden 2018 für diese Versicherungsfälle ausgeschüttet. Da muss die viel zitierte Oma lange für stricken.

Es gibt vermutlich kaum einen Bürger, der nicht schon selbst einen Versicherungsfall erlebt hat. Bei sich oder in seinem direkten Umfeld. Sehr häufig sind es Kleinschäden, wie das gestohlene Fahrrad, das versehentlich beschädigte Smartphone oder der fehlende Durchblick, weil man sich aus Unachtsamkeit auf Opas Brille gesetzt hat. Schön, wenn eine Versicherung den Schaden übernimmt.

Wirklich existenziell sind solche Ereignisse jedoch nicht. Spannend wird es erst, sobald es richtig kracht. Der Großschaden. Auch dieser kommt tausendfach vor. In dieser Kategorie findet man auch sehr prominente Versicherungsfälle, die unfassbar viel Geld gekostet haben. Beispiele gefällig? Bitteschön:

San Francisco 1906

Das große Erdbeben von 1906 war der erste richtig fette, globale Versicherungsfall der Geschichte. Mehr als 3.000 Menschen kamen damals durch das Beben ums Leben, 28.000 Häuser wurden zerstört, 228.000 Einwohner waren obdachlos.

Nach heutiger Kaufkraft zahlten die 137 betroffenen Versicherungsunternehmen insgesamt knapp 7 Mrd. $. Lloyd's of London war allein mit 1,4 Mrd. $ dabei.

Nordatlantik 1912

Der Untergang der Titanic war nicht annähernd so teuer wie das Erdbeben von 1906. Allerdings wurden in heutiger Währung rund 300 Mio. $ fällig.

Eine Besonderheit. Obwohl die Baukosten damals rund 7,5 Mio. $ betrugen, wurde die Schiffskaskoversicherung nur auf 5 Mio. $ abgeschlossen. Da es vor knapp 100 Jahren noch keine Beratungsprotokolle gab, lässt es sich nicht klären, ob hier ein Versicherungsvertreter schlecht gearbeitet hat oder schlicht und ergreifend am falschen Ende gespart wurde.

1965 – Betsy bricht alle Rekorde

In den Top Ten der teuersten Versicherungsfälle aller Zeiten finden sich allein sieben Wirbelstürme auf amerikanischem Boden. Wir erinnern uns. Deren aktueller Präsident hält den Klimawandel für eine Erfindung der Chinesen. Vermutlich begründet der permanent twitternde Mr. President seine Entspannung auch damit, dass schon vor über 50 Jahren heftige Winde das Land erschütterten.

Der Sturm „Betsy" im Jahr 1965 war der erste Versicherungsfall, der über 1 Mrd. $ Entschädigungen auslöste.

9/11 New York

Die Bilder vom 11. 9. 2001 wird keiner vergessen, der sie live verfolgt hat. Auch bei den Versicherungsunternehmen weltweit lösten die einstürzenden Türme Schockwellen aus. Am Ende wurden 26 Mrd. $ fällig, die die Bilanzen vieler Gesellschaften für das Jahr blass aussehen ließen.

Fukushima 2011

Ein weiteres, schreckliches Ereignis und die dazugehörigen Bilder brannten sich zehn Jahre nach 9/11 in unsere Köpfe. In Japan bebte die Erde, ein Tsunami mit unvorstellbarer Zerstörungskraft wälzte sich über die Region von Fukushima und brachte Tod und Verwüstung.

Es ist das zweitteuerste Schadenereignis aller Zeiten. 38 Mrd. $ wurden von der Versicherungswirtschaft aufgebracht.

Katrina 2005

Ein weiterer Hurrikan sichert sich unangefochten den ersten Platz im Ranking der kostspieligsten Versicherungsfälle.

Der Name „Katrina" ist vermutlich nach dem apokalyptisch wütenden Wirbelsturm von 2005 für alle Zeiten als Vorname in den USA tabu. Zu groß waren die Auswirkungen und Verheerungen nach dem Sturm der schlimmsten Art. Kaum vorstellbare 85 Mrd. $ hat das Unglück an Leistungen bei Versicherern rund um den Globus ausgelöst.

Die wilden Drei in 2017

2017 erlebten die USA eine zerstörerische Welle von Hurrikans. Die Stürme „Maria", „Irma" und „Harvey" kosteten in Summe rund 92 Mrd. $.

Wenn der Klimawandel tatsächlich eine Erfindung der Chinesen ist, dann muss einem vor den weiteren Einfällen aus dem Reich der Mitte Angst und Bange werden – oder vielleicht doch mehr vor der Ignoranz des amerikanischen Präsidenten?

Ist Ihnen etwas aufgefallen? In keinem der beschriebenen Fälle habe ich erwähnt, dass eine Versicherungsgesellschaft nach diesen Schadenereignissen in die Knie gegangen ist. Der Versicherungsgedanke, Schadenfälle – ob klein oder riesengroß – auf viele zu verteilen, funktioniert. Das System ist intakt und hat in der Geschichte und Gegenwart jede Menge Stresssituationen überstanden.

Ich hoffe, Sie teilen mit mir an dieser Stelle die Meinung, dass die Idee des babylonischen Königs Hammurabi, Havarien und unerwartete Schadenfälle abzusichern, und die neuzeitliche Weiterentwicklung dieses Gedankens in Form von Versicherungsgesellschaften und -verträgen eine gewisse Existenzberechtigung besitzen.

Was wäre die Gesellschaft ohne Versicherungen? Welches Elend, Leid und welche Ängste müssten wir aushalten ohne die Chance, die Risiken, die uns sorgen, gegen einen Geldbetrag auf gut organisierte Wirtschaftsunternehmen abzuwälzen, die in der Lage sind, die Risiken einzuschätzen und zu kalkulieren?

Ist es nicht auch gut, dass sich Menschen dafür entscheiden, Ihnen durch das Geflecht von Bedingungen, Klauseln und Verträgen zu helfen, Sie zu beraten und für Sie da zu sein?

Ich bin froh und stolz, ein Teil der Versicherungswirtschaft zu sein. Ich habe schon zu oft in die dankbaren und erleichterten Augen von Kunden sehen dürfen, wenn sie nach einem unvorhergesehenen Missgeschick oder einem Unfall erfuhren, dass sie dafür gut vorgesorgt hatten und versichert sind.

Erst im Schadenfall kann ein Kunde seine Versicherung erleben. Vorher ist es oft nur eine lästige Soll-Position auf dem Bankkonto. „Da hat mir der Versicherungsheini wieder was aufgequatscht und verjubelt die leicht verdiente Provision jetzt auf den Malediven, während ich jeden Monat ordentlich zahlen darf", wird sicherlich durch den einen oder anderen Kopf gehen oder beim Stammtisch-Bier in die Runde geworfen.

Doch wenn es dann wirklich passiert. Der Autounfall mit Totalschaden in Frankreich, der vom fünfzehnjährigen Sohn verursachte Dachstuhlbrand bei der Übernachtung im Haus der befreundeten Familie, der umgestürzte 40 Tonnen Kran, die 75 beschädigten Fahrzeuge des Autohändlers nach dem Hagelschlag, die jahrzehntelange Berufsunfähigkeit nach schwerer Krankheit, der LKW, der in ein Gebäude gerast ist, mit Todesfolge für den Fahrer oder das nach einem Sturz ab der Halswirbelsäule querschnitts- gelähmte elfjährige Kind.

Das sind Versicherungsfälle, von denen ich persönlich aus den letzten 30 Jahren berichten kann. Schlimme Fälle, gerade die letzten beiden, die einen persönlich betroffen machen und die man mit nach Hause nimmt. Die einen für Tage oder Wochen beschäftigen. Schließlich geht es hier um Menschen und deren Schicksale.

Es sind unvorhergesehene Ereignisse, die eingetreten sind, wenn eine Versicherung zahlt. Umstände, die sich keiner gewünscht hat, über die man sich nicht freut und an denen man sich nicht bereichert. Vorkommnis- se, die Leid, Elend und Sorgen auslösen oder zumindest einfach nerven.

Versicherungen können das nicht verhindern, aber sie helfen, die oft nach einem solchen Erlebnis eintretenden, wirtschaftlichen Folgen zu minimie- ren oder dafür komplett zu entschädigen.

Ich bin stolz, einer der Guten zu sein, die hier helfen können und immer wieder das Glück und die Erleichterung meiner Kunden erleben zu dür- fen, das ihnen durch meine vorherige Beratung anzumerken und in ihren Augen zu sehen ist.

Wenn uns Politik und Verbraucherschützer auch noch so oft ins Faden- kreuz ihrer Kritik nehmen. Die Menschen brauchen Versicherungen und Spezialisten, die sie beraten und ihnen in der Entscheidung helfen.

Kapitel 9

Viele Wege führen nach Rom – Wie schließt man heute eine Versicherung ab?

Wenn ich in der Versicherungswelt unterwegs bin oder als Makler zu einer Informationsveranstaltung eingeladen werde, spüre ich oft eine beinahe ängstliche Stimmung, wenn es um die Zukunftsaussichten der Versicherungsbranche geht.

Im Zeitalter der Digitalisierung scheint es so, als ginge man davon aus, dass schon morgen alles auf den Kopf gestellt wird, was gestern noch erfolgreich funktioniert hat. Schreckgespenster, verursacht durch gebetsmühlenartig verkündete Drohkulissen, geistern durch die Versicherungswirtschaft. Das sorgt für pessimistische Grundstimmungen in den Köpfen der Zuhörer. Meine Kollegen fürchten dann nicht selten, dass die neuen Zustände schon in Kürze existenzielle Auswirkungen für uns haben werden.

Der Kunde sitzt nur noch vor dem PC und sucht im Internet nach günstigen Versicherungsangeboten, informiert sich und schließt direkt auch dort ab. Tausende StartUp-Unternehmen weltweit machen sich Gedanken, wie sie der Versicherungsbranche Marktanteile abspenstig machen können. Unzählige technische Innovationen werden vorgestellt, angekündigt oder von Vorständen gefordert. Ganz zu schweigen von den Mega-Bedrohungen. Was ist, wenn Amazon oder Google in den Versicherungsmarkt einsteigen?

Eines ist für mich ganz sicher: Die Vorstände der deutschen Versicherer haben keine Ahnung! Ruhig bleiben, liebe Geschäftsleitende. Da kommt noch was hinterher.

Die Vorstände haben keine Ahnung, wie die Versicherungslandschaft und der Vertrieb in fünf oder gar zehn Jahren aussieht und funktioniert. Das können sie auch nicht wissen. Woher auch? Sie bemühen sich im Moment verständlicherweise darum, möglichst viele Ideen umzusetzen, von denen Sie glauben, dass es die richtigen sind und dem jeweiligen Unternehmen oder der Branche das Überleben sichern. Ich habe in den vergangenen 30 Jahren noch nie so viele Aktivitäten und Veränderungen bei den Versicherern wahrgenommen wie zur Zeit. Permanente Neuerungen bei der IT, wechselnde Strukturen, Stellenabbau, Stellenanbau, „Working

Garages" als neue Form der Zusammenarbeit und immer mehr Produktinnovationen. Da ist natürlich jede Menge Unsinn und Abfall dabei. Viele Rohrkrepierer, die nach dem Motto „Außer Spesen nichts gewesen"
schnell wieder in die Tonne geworfen werden.

Trotzdem ist es genau richtig, was die Versicherer derzeit tun. Der größte
Fehler von Unternehmen ist es, den Markt nur zu beobachten, Trends zu
verpassen und keine Neuerungen zu entwickeln.

Ein Blick über die Grenzen lässt aufhorchen. Während in Deutschland die
Abschlussquote von Versicherungsverträgen im Internet seit Jahren unter
10 % stagniert, werden z. B. in England über 80 % der Kfz-Versicherungen
online abgeschlossen.

Noch imposanter sind Zahlen aus dem asiatischen Raum. Das chinesi-
sche Unternehmen Zhong An wurde 2013 gegründet und hat bereits mehr
als 540 Millionen Kunden und 8,2 Milliarden Verträge unter ihrer Verwal-
tung. Bei den Asiaten wird vorrangig mit Mikroversicherungen gearbeitet.
Der Durchschnittsbeitrag liegt bei gerade mal 2 $. Eine Versicherung für
bei Alibaba gekaufte Produkte, z. B. Das sind Größenordnungen, die den
klassischen deutschen Versicherern schon aufgrund der hohen Lohn-
und Entwicklungskosten Sorgenfalten auf die Stirn treiben.

Nun ist der deutsche Markt nicht mit dem englischen und erst recht sehr
wenig mit dem chinesischen Markt vergleichbar. Wir bestellen im Restaurant schließlich auch deutlich seltener Hühnerfüße und Border Collie Sül-
ze als die Chinesen. Dennoch ist es die ureigene Pflicht eines verantwortlich handelnden Vorstands, in einer sich immer stärker globalisierenden
Welt die Entwicklungen und Käuferströme im Auge zu behalten.

Was mich bei allen möglichen Szenarien, Digitalisierungsoffensiven und
Prognosen zur Entwicklung meines Berufsstandes grundsätzlich positiv
stimmt, sind zwei wesentliche Dinge, die auch in 100 Jahren noch so sein
werden:

1. Der Tag hat nur 24 Stunden.

2. Versicherungsprodukte sind und bleiben für die meisten Menschen
    total unsexy.

Soll heißen: Ich kenne wirklich niemanden, der nach einem anstrengenden Arbeitstag, einem schnell erledigten Einkauf und dem teilweise an-

strengenden Prozedere, die Kinder ins Bett zu kriegen, sich mit großer Vorfreude auf das Sofa wirft, das Tablet einschaltet und dann erstmal ganz in Ruhe die Bedingungswerke und Paragraphen der Berufsunfähigkeitsversicherung durchstöbert. Gleich danach wird dann noch Excel geöffnet und eine Entscheidungsmatrix angelegt, um zu ermitteln, ob es nun Sinn macht oder nicht, das neue E-Bike nur gegen Diebstahl oder direkt gegen alle möglichen Gefahren zu versichern.

Selbstverständlich werden die Rechner immer leistungsfähiger, das allseitig gepriesene „5G" steht vor der Tür und Algorithmen immer intelligenter verzahnt. Die digitalen Medien bieten eine inflationäre Hilfestellung in unseren Entscheidungsprozessen.

Das ändert jedoch nichts an der Tatsache, dass die meisten Menschen einfach keinen Bock darauf haben, sich um ihre Versicherungen zu kümmern. Wenn das Auto vollautomatisiert darauf hinweist, dass es Zeit ist, einen Inspektionstermin zu vereinbaren, greifen die Leute wie ferngesteuert zum Telefon und arrangieren einen Werkstatttermin.

Ich könnte meinen Kunden die Fischer Chöre vor das Haus stellen, die in melodischer Form stimmgewaltig zum Jahresgespräch einladen. Da würde außer einer Anzeige wegen Ruhestörung selten etwas anderes passieren.

Es wird immer einfacher, mit modernen Anwendungen im Internet einen Neuwagen zu konfigurieren, ein stylisches Outfit zusammenzustellen, eine Fernreise zu planen, Scherzartikel zu kaufen oder digitale Postkarten zu gestalten. Ich kann vergleichen, Tests lesen und mich an den Bewertungen orientieren.

Mittlerweile gibt es erste Versicherer, die den Abschluss einer Versicherung über Alexa und Co. ermöglichen. Das Audioshopping wird sicherlich in naher Zukunft so selbstverständlich sein wie der heutige Gang zum Bäcker nebenan. Es ist schon jetzt überhaupt kein Problem, mit digitalen Sprachassistenten das neue Druckerpapier, eine Pizza oder die Kiste Bier zu bestellen.

Mal im Ernst. Wie geht es Ihnen bei solchen Aktivitäten? Erfahre ich denn, wer die smarten Lautsprecher mit Daten gefüttert hat? Schon jetzt weiß ich doch, dass auf der ersten Seite bei Google nicht immer die besten Ergebnisse und Lösungen stehen, sondern die Unternehmen, die am meisten dafür bezahlt haben. Ja, ja. Ich weiß. Da spielen noch ein paar andere Faktoren mit. Unzähligen Unternehmern, die sich „Suchmaschinen Optimierer" nennen, bringt das ein sicheres Einkommen.

Check24 gaukelt den Kunden einen knallharten Preisvergleich vor und vermittelt mittlerweile ca. 1 Mio. Kfz-Versicherungen pro Jahr. Wer mal hinter die Kulissen schaut, findet schnell heraus, dass das Ranking der Kfz-Versicherer und auch anderer Branchen im Wesentlichen auch davon abhängt, wer neben einer unverschämt hohen Provision zusätzliche Werbekostenzuschüsse für das Unternehmen über den Tresen wandern lässt. Das sind Millionen. Unabhängig davon, dass Check24 seit Jahren bestehende Urteile ignoriert, die elementare Verletzungen der Informationspflicht festgestellt haben.

Wie wertvoll und hilfreich ist ein scheinbar unabhängiger Test in einer Zeitschrift oder eben auf einer Seite im Internet, wenn ich wenige Zeilen weiter ein Werbebanner des Siegers finde? Wie glaubwürdig sind Bewertungsportale in Zeiten, in denen Heerscharen von Unternehmen in Indien und anderen Ländern solche Bewertungen als Dienstleitung anbieten? Wie sehr vertrauen Sie wirklich Google, Amazon, Facebook und Co.?

Mein letztes Auto habe ich beim Händler meines Vertrauens gefunden und gekauft. Meine Urlaube buche ich zum überwiegenden Teil bei meinem Reisebüro, das meine Wünsche und Vorlieben kennt. Die wenigen Versuche, Outfits im Internet zu bestellen, endeten oft mit dem aufwendigen Verpacken und Zurücksenden der Klamotten.

Verstehen Sie mich nicht falsch. Die Digitalisierung mit all ihren Facetten ist eine Bereicherung für unser Leben und erleichtert viele alltägliche Prozesse. Hier kommen enorme Veränderungen auf uns zu.

So lange es jedoch einen freien Markt, Wettbewerb und die unersättliche Gier in unserer Gesellschaft gibt, wird es immer schwierig und mit Aufwand verbunden sein, sich für das Richtige zu entscheiden.

So lange dem so ist, werden sich Menschen auch auf Menschen verlassen wollen und ihnen vertrauen. Genau das ist die Daseinsberechtigung für meinen Job.

Informieren Sie sich gerne im Internet über die Versicherungen, die Ihnen wichtig erscheinen. Suchen Sie sich die Anbieter heraus, die die passenden Angebote für Sie im Schaufenster haben. Sprechen Sie dann mit einigen Prachtexemplaren meiner Gattung und entscheiden Sie nach objektiven Kriterien und Bauchgefühl. Wenn Sie dann den richtigen Berater gefunden haben, dem Sie vertrauen können, dann genießen Sie die gewonnene Freizeit und lassen Sie ihn sich um den ungeliebten Versicherungskram kümmern. Dafür sind wir da.

Es ist genauso wie mit dem Steuerberater, dem Rechtsanwalt, der Kfz-Werkstatt und IT-Berater. Das sind in der Regel Fachgebiete, von denen die Menschen nicht viel Ahnung haben, wenig Interesse, sich damit auseinanderzusetzen, die man jedoch nicht ignorieren kann.

Natürlich sollte es eine zeitgemäße Versicherungsagentur sein, die mit einer sympathischen, professionellen Homepage daherkommt, online und offline Beratungen anbietet, Gespräche sorgsam dokumentiert und mit Ihnen zusammen bespricht, wie Sie betreut, beraten und versichert werden wollen.

Sie können Vollmachten erteilen, telefonisch beraten werden, online unterschreiben, Unterlagen per Mail oder per Post bekommen. Sie können sich vorab im Internet schon mal ein wenig schlau machen, auf den Internetseiten des favorisierten Beraters etwas stöbern und sich dann ab der Stelle weiterhelfen lassen, wo es Ihnen keinen Spaß mehr macht oder einfach zu kompliziert wird.

Die Ansprüche und die Angebote sind unterschiedlich. Gut so. Ihre Aufgabe ist es, Ihren passenden Deckel zum Topf zu finden. Wenn Sie das geschafft haben, werden Sie glücklich sein, dass Sie sich um diese Dinge kaum noch kümmern müssen. Und der Berater, die Beraterin, freut sich über einen neuen Kunden.

Kapitel 10

Hör mir auf mit Herrn Kaiser – Wie die Versicherungsbranche nicht mehr sein sollte

Vor einigen Monaten wurde ich für einen Vortrag bei einem Jahresauftakt der IT-Abteilung des größten, deutschen Versicherers gebucht. 1.000 Mitarbeiter lauschten nicht nur mir, sondern vorher auch dem IT-Vorstand, der begeistert von einem Besuch im Silicon Valley berichtete. Es wurden Bilder und Videos der dortigen, innovativen Büros präsentiert, von der lockeren Arbeitsatmosphäre geschwärmt, die Freiheiten und kreativen Kräfte der Mitarbeiter in der kalifornischen Kleinstadt bewundert. Inspiriert und als Zeichen der eigenen Agilität und des Aufbruchs hatte der Vorstand für seine Präsentation entschieden, die Krawatte zum Anzug mal wegzulassen. Schließlich habe man gelernt.

Nach der Veranstaltung und ganz angetan von dieser Aufbruchstimmung wollte ich mir einen gerade eingeweihten und bezogenen Neubau des Konzerns zeigen lassen. in dem nun 2.000 Mitarbeiter arbeiten. Man führte mich stolz durch das moderne Bürogebäude und ich war – komplett entsetzt.

Mal abgesehen davon, dass man hier selbstverständlich nach neuesten energetischen Erkenntnissen und ökologisch konsequent geplant hatte, wurde im Innenbereich jedwede Frische und Individualität im Ansatz erstickt. Großraumbüros mit abgetrennten Boxen, die eher an einen Karnickel-Stall als ein Büro erinnerten, stinklangweilige Bilder an den Wänden und das ganze Gebäude komplett identisch eingerichtet. Eine Versetzung innerhalb des Komplexes dürfte keinen Angestellten stören. Es gibt schließlich keinen Unterschied zu bemängeln. Eine persönliche Note der Mitarbeiter? Fehlanzeige. Auf Nachfrage teilte mir ein Sachbearbeiter mit, dass man klare Ansagen bekommen hatte. Maximal eine kleine Pflanze, keine Fotos oder Bilder an der Wand oder am Arbeitsplatz und auch sonst kein Gedöns. Den IT-Vorstand traf ich übrigens dann noch in der Kantine wieder. Inzwischen hatte er sein waghalsiges Experiment scheinbar wieder beendet und war wieder mit Krawatte unterwegs.

Ich glaube, die Erfahrung zeigt das Problem unserer Branche. Wir werden nicht komplett verfälscht wahrgenommen, nein, wir sind zu häufig noch so wie unsere Kunden vermuten. Berechenbar, konservativ, verstaubt und wenig mutig.

Verstehen Sie mich nicht falsch. Es gibt viele Entwicklungen, die Hoffnung machen. Die Zurich Versicherung vermeldet, dass der neue Vorstand dem Haus das „Duzen" verordnet hat. Das schaffe Nähe und verflache die Hierarchien. Sehr gut, Zurich.

Bei einem Arrangement bei der Gothaer in Köln war ich begeistert von einem ähnlich lockeren Umgang miteinander. Das wirkte authentisch und überhaupt nicht aufgesetzt. Auch die Präsentationen und Vorträge waren entsprechend angenehm gestaltet. Man hatte mehr das Gefühl, bei einem StartUp-Unternehmen als bei einem der ältesten, deutschen Versicherer zu sein.

Bei der ERGO verspürte ich eine regelrechte Aufbruchstimmung und gute Laune, als ich dort in Düsseldorf 700 Vertreter und Vorstände unterhalten durfte. Die waren einfach klasse drauf und hatten Bock auf ihren Job.

Immer mehr Versicherungsvertreter und -makler überraschen mit sehr modernen Büros, angenehmer Atmosphäre und exzellentem Service. Das macht wirklich Mut. Wir müssen raus aus dieser Ecke, in der ein Kunde bei einem Versicherungsvertreter an schwatzende Störenfriede in schlecht sitzenden Polyesteranzügen und Oberlippenbart denkt. Fragt man die Menschen nach dem typischen Versicherungsvertreter, werden Namen wie der AWD Gründer Carsten Maschmeyer, der Betrüger Mehmet Göker oder bestenfalls noch Herr Kaiser von der Hamburg Mannheimer genannt.

Das ist auch nicht mehr das richtige Bild. Eine Versicherungsagentur ist heutzutage in aller Regel ein moderner Betrieb, in dem durch regelmäßige Fortbildung ein hohes Wissensniveau herrscht, Prozesse digital und schnell erledigt werden und man kompetent und nicht aufdringlich beraten wird.

Bevor jemand in Deutschland Versicherungen vermitteln darf, muss er ein Prozedere über sich ergehen lassen, das seinesgleichen sucht und vielleicht noch von der Zulassung als Notar übertroffen wird.

Anträge, Führungszeugnisse, Auskünfte aus dem Gewerbezentralregister, eine Unbedenklichkeitsbescheinigung des Finanzamtes, Auskunft aus dem Schuldnerverzeichnis, Auskunft aus dem Insolvenzregister des Amtsgerichts, Nachweis einer Vermögensschadenhaftpflichtversicherung, Nachweis der Sachkunde, Bürgschaften bei den Versicherungsgesellschaften usw. Mich würde es nicht wundern, wenn demnächst vor der Erlaubnis zur Versicherungsvermittlung auch noch die Verwandtschaft befragt wird, ob der Antragsteller denn nicht vielleicht als kleiner Junge mal beim „Mensch ärgere Dich nicht" beschissen hat.

Sie werden sich jetzt vielleicht denken: „Und das alles, um im unbeliebtesten Beruf der Republik zu arbeiten?" Richtig. Das nimmt man gerne auf sich, weil der Job Spaß macht, auch wenn es im Moment eine Reihe von Aktivitäten außerhalb der Branche gibt, die Potenzial besitzen, einem die Freude am Beruf zu nehmen.

Kapitel 11

Der Versicherungsvertreter – Eine sterbende Art?

In den letzten zehn Jahren sind in Deutschland knapp 80.000 Versicherungsvermittler verschwunden. Im März 2019 waren neben mir noch 199.000 Kollegen ins offizielle Vermittlerregister des Deutschen Industrie- und Handelskammertages eingetragen.

Sie erinnern sich bestimmt noch an den „Brennpunkt" in der ARD, als die Nachricht „Versicherungsvermittlersterben" durch die Presse ging. Tausende Menschen demonstrierten in Berlin vor dem Reichstag für den Erhalt des Versicherungsvertreters, jede Menge Talkshows widmeten sich dem besorgniserregenden Schwund an Beratern in der Assekuranz und in Gottesdiensten gab es Fürbitten, um an das Schicksal der Versicherungsvermittler in Deutschland hinzuweisen.

Haben Sie von alledem nichts mitbekommen? Ich kann Sie beruhigen. Das konnten Sie auch nicht. Das ist reines Wunschdenken von mir.

In der Kohle-Industrie Deutschlands arbeiteten in 2018 ungefähr 40.000 Menschen. Bis 2038 soll die Braunkohleförderung der Vergangenheit angehören, einschließlich der Jobs. Bis dahin werden ca. 40 Mrd. € an Strukturhilfen für die betroffenen Regionen ausgeschüttet. Das ist eine schlappe Million je Arbeitsplatz. Meiner Meinung nach sollte man jedem Beschäftigen der Kohleförderung einfach eine halbe Million in die Hand drücken und fertig. Das würde 20 Mrd. €, Bürokratie, eine Menge Zeit und Emissionen sparen. Die Hälfte des Geldes kommt direkt als Einkommensteuer zurück und mit dem Rest kommen die meisten Betroffenen sicherlich so lange über die Runden, bis sie etwas Neues gefunden haben. Sie merken. Für die Politik tauge ich nicht, mit solch pragmatischen Ansätzen.

Von Milliarden Subventionen kann der Versicherungsvertreter nur träumen. Dabei verschmutzen wir noch nicht einmal den Planeten und haben eine deutlich bessere CO2-Bilanz als die Montanindustrie. Ok, der Vergleich ist nicht ganz sauber. Entschuldigen Sie den populistischen Ansatz, aber ich stehe mit meinem Beruf am Tabellenende der Beliebtheit und muss auch mal im Randbereich des Sachlichen argumentieren, um das zu verändern.

Die größten Kritiker meines Berufsstandes werden sicherlich vermuten, die 80.000 „Verschwundenen" seien aufgrund der kriminellen Arbeitsweise meiner Branche hinter Schloss und Riegel gelandet. Weit gefehlt. Der Rückgang der Versicherungsvermittler in Deutschland hat andere Gründe.

Ursache Nummer 1 – Das Einkommen

Wissen Sie, wie hoch die Umsatzrendite bei Coca Cola ist? Etwa 25 % von jeder Dose dieses zuckerhaltigen Koffeingetränks, das Millionen Menschen dick und krank macht, bleibt als Gewinn im Unternehmen. Bei Marlboro sind es 32 % und beim iPhone sogar unfassbare 41 %. Haben Sie je mitbekommen, dass sich ein Verbraucherschutzverband oder die Politik damit beschäftigt hat, in die Gewinnmarge der Unternehmen einzugreifen, weil sie zu viel an den Produkten verdienen? Nein? Ich auch nicht.

Genau das wird gerade bei den Versicherungsvermittlern versucht. Während Coca Cola und Marlboro die Menschen vergiften und sich dabei die Taschen mit Milliarden füllen, nimmt man sich lieber den kleinen Versicherungsvertreter vor.

Im Frühjahr 2019 hat das Finanzministerium in Berlin einen Referentenentwurf vorgelegt, der die Provision von Versicherungsvermittlern begrenzen soll. Sie haben richtig gelesen. Ein Gesetz, um das Einkommen einer ganzen Berufsgruppe mit 200.000 Menschen zu regulieren. Ein einmaliger Vorgang und ein klarer Eingriff in die Privatautonomie der Versicherungsunternehmen. Konkret sollen die Abschlussprovisionen bei Lebensversicherungsverträgen gedeckelt werden. Nochmal zur Klarstellung: Man will nicht an die Milliardengewinne der Versicherer, sondern dem kleinen Vermittler um die Ecke die Provisionen kürzen.

Sag mal. Geht's noch? In Zeiten, in denen durch den Cum-Ex Skandal, oft mit Hilfe von Banken, 55 Mrd. € an Steuererstattungen erschlichen wurden, damit Reiche noch reicher werden, beschäftigt sich die dafür zuständige Behörde mit einem Gesetz, das den Verdienst einer ganzen Berufsgruppe begrenzen soll? Eine Berufsgruppe, die zu zehntausenden mehr über ihre Existenz als über das erste Mietobjekt nachdenkt? Denen will man jetzt bei der Lebensversicherung, dem einzigen Produkt, bei deren Vermittlung Aufwand und Ertrag noch in einem einigermaßen gesunden Verhältnis stehen, eine Deckelung der Vergütung vorschreiben? Zum

Glück sitze ich nicht als Interessenvertreter der Versicherungswirtschaft am Verhandlungstisch. Ich würde den Politikern vermutlich entgegnen: „Egal, was ihr euch einwerft – nehmt weniger!"

Laut einer Befragung im Auftrag des BVK (Bundesverband Deutscher Versicherungskaufleute e. V.) verdient rund ein Drittel aller Versicherungsvermittler in Deutschland weniger als 50.000 € im Jahr. Für eine Tätigkeit als Angestellter, mit einer 38 Stunden-Woche und sechs Wochen bezahltem Urlaub, Lohnfortzahlung und Elternzeit sicherlich kein schlechtes Einkommen. Der Versicherungsvermittler ist allerdings selbstständig und kann von solchen Rahmenbedingungen oft nur träumen. Die Realität sieht ganz anders aus. Immer wieder liest man von dem raffgierigen Versicherungsvertreter, der sich mit wenig Arbeit die Taschen mit leicht verdienter Provision vollstopft. Ist das wirklich so? Nein. Das ist vollkommener Bullshit!

Wenn man mal vorsichtig schätzt und von durchschnittlich 50 Wochenarbeitsstunden ausgeht, die ein selbstständiger Versicherungsvermittler leistet, und sich dann das untere Einkommensdrittel mit 50.000 € im Jahr ansieht, dann arbeiten ca. 30 % der deutschen Versicherungsvertreter für einen Stundenlohn von etwa 20 €. Dafür nimmt in einer deutschen Kfz-Werkstatt heutzutage noch nicht einmal der Azubi einen Schraubenschlüssel in die Hand.

Immer wieder wird eine unverschämte Provision beim Abschluss einer Lebens- oder Rentenversicherung ins Feld geführt. Wie sieht denn hier die Realität aus? In meinem Versicherungsbüro liegt die gemittelte Provisionszahlung bei Lebens- oder Rentenversicherungen bei irgendwo zwischen 300 und 400 €. Dafür bekommt der Kunde häufig mehrere Beratungen und erhält Serviceleistungen über mehrere Jahrzehnte Laufzeit, Hilfe bei jedem Anliegen rund um seinen Vertrag und gerne auch darüber hinaus. Da sind doch ein paar 100 € nicht übertrieben!

Für eine Kfz-Versicherung, bei der ein Kunde mehrfach im Jahr das eine oder andere Anliegen oder auch mal einen Schaden hat, werden mir ca. 40 bis 50 € vergütet. Servicefremde Vermittlungsmaschinen wie „Check24" bekommen allein für die Vermittlung schon mehr als das Doppelte und delegieren nach Abschluss jegliche Verantwortung von sich weg.

Die Vergütung für eine durchschnittliche Hausrat- oder Haftpflichtversicherung liegt bei 20 bis 50 €. Nicht selten benötigt man allein für diese Produkte eine Beratungsdauer von mehr als einer Stunde.

Wissen Sie, liebe Leser. Ich möchte an dieser Stelle nicht auf die Tränendrüse drücken und Sie dazu bringen, Ihren Dauerauftrag von „Brot für die Welt" zu stornieren und in Richtung der Versicherungsbranche umzuleiten. Mir würde schon reichen, wenn Sie an dieser Stelle verstehen, dass ein Arbeiten im unbeliebtesten Beruf der Republik nicht pauschal mit Reichtum vergolten wird.

Natürlich gibt es sehr wohlhabende und gut verdienende Versicherungsvertreter. Das passiert aber nicht zufällig, sondern in der Regel deshalb, weil sie überdurchschnittlich fleißig, innovativ und mutig sind. Das sind Eigenschaften, die einem in jeder Branche und Tätigkeit einen Vorteil verschaffen und mehr Einkommen bringen. Zumindest sollte das so sein.

Die Realität sieht allerdings so aus, dass ich deutlich mehr Kollegen kenne, die mit Vorschüssen der Versicherer arbeiten, sich Sorgen machen, wie die nächste Quartalszahlung an das Finanzamt geleistet werden kann oder mindestens mit stagnierenden Einnahmen bei steigenden Kosten überleben müssen. Das Arbeiten in der Versicherungswelt an sich ist noch längst keine Gelddruckmaschine.

Und dennoch will man uns nun mit einem weiteren Gesetz unter dem Deckmantel des Verbraucherschutzes ans Fell. Man möchte konkret die Rendite der Rentenversicherung mit dieser Beschneidungsmaßnahme erhöhen. Zu Gunsten der Kunden. Man hat ausgerechnet, dass dieser sog. „Provisionsdeckel" mit all seinen Auswirkungen für die Vermittler gerade mal 0,1 % mehr Rendite bringen wird. Großartig!

Wenn man die Provision eines Immobilienmaklers gesetzlich reduzieren, die Abschlusskosten von Investmentfonds und Bausparverträgen kürzen oder einfach nur die Marge von Coca Cola eindämmen würde. Ja, dann hätten die Menschen auch mehr Geld in der Tasche und mehr Rendite. Es wäre allerdings auch hier ein staatlicher Eingriff in die Privatwirtschaft und ist von keiner politischen Initiative derzeit ernsthaft angedacht.

Was haben wir Versicherungsvermittler Schlimmes getan? Gibt es einen Versicherungsvertreter, der die Schrecken der Roten Khmer erst ermöglicht hat? Sind wir Vertreter nun doch für den Tsunami von 2004 oder

Helene Fischer verantwortlich? Was haben wir getan, dass immer wieder Scharen von Journalisten, Verbraucherschützern oder Politiker über uns herfallen wollen als wären wir ein lästiges Übel der Gesellschaft?

Übrigens: Die beiden Rechtsprofessoren Hans-Peter Schwintowski und Hans-Jürgen Papier halten die Gesetzesvorlage des Provisionsdeckels in der Lebensversicherung für klar verfassungswidrig.

Hoffentlich behalten sie Recht, die beiden Professoren.

Ursache Nummer 2 – Regulatorischer Wahnsinn

Manchmal kommt es mir vor, als wäre es inzwischen einfacher, ein Atomkraftwerk zu betreiben, als meinen Beruf auszuüben.

Compliance Vorschriften, der Verhaltenskodex des Gesamtverbandes der Versicherungswirtschaft, die grundsätzliche Eignungsüberprüfung und Zertifizierung einer Versicherungsagentur, eine umfangreiche Beratungsdokumentation, die neue Richtlinie zum Versicherungsvertrieb (IDD – Insurance Distribution Directive), Weiterbildungsverpflichtungen und noch vieles mehr.

Die kaum noch zu ertragende Bürokratie und Regulatorik in meinem Beruf ist sicherlich ein weiterer Garant für die schrumpfende Zahl der Vermittler in Deutschland. Gerade die kleineren Versicherungsagenturen, in denen lediglich der Agenturinhaber als Einzelkämpfer unterwegs ist, eventuell stundenweise noch von seiner Frau am Telefon entlastet wird, leiden heutzutage darunter, die Eier legende Wollmilchsau sein zu müssen. Die Versicherungsgesellschaften verlangen neue Kunden und Verträge, die Regulatorik das Einhalten der unzähligen Vorschriften und Bürokratien und die Kunden wollen rund um die Uhr auf allen Kanälen einen Ansprechpartner erreichen können.

Ein Versicherungsvertreter soll den Kunden vollumfänglich beraten, jedes Gespräch umfassend dokumentieren und muss sich am Ende noch dafür rechtfertigen, dass er damit Geld verdient.

Dazu kommt, dass die Politik und Verbraucherverbände weitere Erschwernisse auf den Weg gebracht haben.

Z. B. der Hinweis auf das Ombudsmann-Verfahren, der zu Beginn eines Gespräches erfolgen soll. Wie sieht das in der Praxis aus? In etwa so:

Ein Besucher des Versicherungsbüros interessiert sich für eine Hausratversicherung. Noch bevor ich die Grunddaten des Kunden erfasse, ihn bezüglich seiner Lebenssituation löchere und den Bedarf für die passende Versicherungssumme ermittle, über die versicherten Gefahren und die nicht versicherten Sachen berate, auf Obliegenheiten vor und nach Vertragsabschluss hinweise, ihm verschiedene Deckungskonzepte anbiete, die möglichen Einschlüsse von Zusatzbausteinen erläutere, die Versicherungsbedingungen und Bestimmungen erkläre, die er natürlich vor Abschluss ausgehändigt bekommt, das obligatorische Beratungsprotokoll ausfülle, weise ich bereits zu Beginn des Gesprächs auf das Widerspruchsverfahren und den Ombudsmann hin. Das verlangt der „Verhaltenskodex" des Gesamtverbandes der Deutschen Versicherungswirtschaft, kurz GDV.

Allein der frühstmögliche Hinweis auf das Ombudsmann-Verfahren ist schon ein schlechter Scherz. Da traut sich mal ein Interessent, ein fremder Mensch in eine Versicherungsagentur. Man hat die Chance auf einen Neukunden. Diese Interessenten sind aufgrund des schlechten Rufs meiner Branche per se schon mal zunächst misstrauisch und betonen in der Regel schon beim Eintreten in die Agentur, dass sie sich nur mal erkundigen und nichts abschließen wollen. Ich soll dann nach GDV-Verhaltenskodex direkt zu Beginn meine Visitenkarte aushändigen und darauf hinweisen, wo sich der Kunde über mich beschweren kann.

Das ist so, als wenn ich die Frau meines Lebens kennenlerne, wir beim ersten Blick in die Augen erkennen, dass wir füreinander bestimmt sind und ich ihr im gleichen Moment vorsorglich die Visitenkarte eines guten Scheidungsanwaltes aushändige, falls es mit uns doch nicht klappen sollte.

Unabhängig von den gesetzlichen Vorschriften hat ein Kunde einfach keinen Bock, sich so lange mit solchen Themen zu beschäftigen. In Zeiten, in denen ich über mein Smartphone in wenigen Sekunden einen Neuwagen konfigurieren und bestellen kann, erwartet der Kunde bei einem deutlich weniger aufregendem Thema wie „Versicherung", dass wir das so schnell wie möglich besprechen. Zeit ist die neue Währung unserer Gesellschaft.

Als Vermittler bin ich seit einigen Jahren verpflichtet, dem Kunden alle notwendigen Unterlagen und Informationen vor Vertragsabschluss auszuhändigen. Das sind nicht selten mehr als 100 Seiten. Was glauben Sie, wie häufig ich auf Inhalte dieser Unterlagen angesprochen werde? In deutlich weniger als 5 % aller Fälle. Trotzdem muss ich diesen ganzen Firlefanz erledigen und mich damit beschäftigen.

Verstehen Sie mich bitte nicht falsch. Ich halte Verbraucherschutz auf allen Ebenen für wahnsinnig wichtig und richtig. Der Bürger muss vor Falschberatung und Gier geschützt werden. Es sollte jedoch so umgesetzt werden, dass es dem Kunden wirklich hilft und ihn nicht erschlägt.

Frustrierend ist für viele Vermittler, dass im Versicherungsvertrieb diverser Internetportale diese Regeln außer Kraft gesetzt werden oder sich Portale wie „Check24" einfach darüber hinwegsetzen, während meine Kollegen ständig mit dem Damoklesschwert des Generalverdachts leben und scharenweise Anwälte nur darauf warten, dass einem Versicherungsvertreter bei all dem Irrsinn ein Fehler passiert, der dann möglichst öffentlichkeitswirksam ausgeschlachtet wird.

Die immer weiter zunehmende Bürokratie sorgt für Frust und Überforderung bei vielen Vermittlern, die trotz aller Begeisterung für die Arbeit mit dem Kunden genervt das Handtuch werfen und lieber einer anderen Tätigkeit nachgehen.

Ursache Nummer 3 – Die Weiterbildung

Vor wenigen Tagen durfte ich in Hamburg auf einer Veranstaltung einer bekannten Wirtschaftszeitung vortragen, die einen Kongress für die Versicherungsbranche organisiert hatte.

Jeder Teilnehmer bekam ein Namensschild mit Barcode zum Anstecken. Man wurde beim Hereingehen und Verlassen des Saales gescannt. Wozu? Damit die Weiterbildungszeiten korrekt erfasst werden können.

Es reicht nicht aus, dass die Teilnehmer 100 € für die Fortbildung bezahlen, sondern man vermutet anscheinend, dass sie sich klammheimlich aus dem Raum schleichen und Weiterbildungszeiten angerechnet bekommen, die ihnen nicht zustehen. Das fühlt sich einfach nicht gut an und passt in das gesellschaftliche Misstrauen, das meinem Beruf entgegengebracht wird.

Die Richtlinie für den Versicherungsvertrieb, IDD, verlangt eine jährliche Weiterbildungszeit von mindestens 15 Stunden. Das ist völlig in Ordnung, macht Sinn und ist nicht exklusiv für meinen Beruf. Man denke nur an die Kraftfahrer, Steuerberater oder selbst Schiedsrichter, die dann mal wieder tagelang darüber diskutieren, wann ein Handspiel gepfiffen werden sollte und wann nicht.

Ohne Weiterbildung ist eine gute Beratung wohl kaum möglich. Aber, müssen wir denn gleich wieder ein fettes Controlling aufsetzen und den bösen Versicherungsvertreter scannen? Es dauert vermutlich nicht mehr lange, bis sich die ersten Kollegen demnächst vor der Weiterbildung einen Katheter legen lassen, damit ihnen beim „Fachtag zur Rechtsschutzversicherung" nicht die Pinkelpause von der kostbaren und notwendigen Fortbildungszeit abgezogen wird.

Ursache Nummer 4 – Der Arbeitsmarkt

In einer Situation, in der in Deutschland nahezu Vollbeschäftigung herrscht und rund 1,5 Millionen Stellen unbesetzt sind, ist es für einen Beruf, der unbeliebter ist als der des Müllmanns oder des Justizvollzugsbeamten, nicht gerade einfach, Nachwuchs zu finden.

Unabhängig davon, dass es vermutlich selten vorkommt, kann ich mir vorstellen, wie die Akademiker-Eltern reagieren, wenn deren pubertierender Nachwuchs beim Frühstück berichtet, er wolle nun doch nicht Astronaut, sondern Versicherungsvertreter werden. Die Eltern werden sich fragen, was sie in ihrer Erziehung falsch gemacht haben, wie es so weit kommen konnte und ihr Kind zur Adoption freigeben.

Der Bedarf an zukünftigen Arbeitskräften wird oft auf die Bereiche Handwerk, Pflege und IT begrenzt. Selbstverständlich braucht jede Branche neue Mitarbeiter. Ja, sogar die Versicherungsbranche. Laut einer OECD Studie sind 14 % aller deutschen Jobs durch Automatisierung gefährdet, weitere 32 % dürfen sich auf radikale Veränderungen einstellen. Auf jeden Fall dabei: Die Versicherungsbranche.

Die Anbieter von Finanzdienstleistungen stehen in den nächsten Jahren vor einem Paradigmenwechsel. Eine zunehmende Dunkelverarbeitung von Prozessen und deutlich schlankere Wege der Bearbeitung werden in den Verwaltungen der Versicherungsgesellschaften viele Stühle frei werden lassen. Dazu kommt der Rückgang der Vermittler, wie eingangs beschrieben.

Diese Fakten und v. a. der Ruf unserer Branche lässt uns bei der Berufswahl junger Menschen häufig ins Abseits geraten. Dazu kommt eine angespannte Altersstruktur. 52 % der deutschen Vermittler sind laut einer Studie des BVK über 50 Jahre alt. Das bedeutet, dass die Auswirkungen der Digitalisierung in meinem wundervollen Beruf gar nicht so schnell um sich greifen können, wie fluktuationsbedingt Jobs freiwerden.

Mein Berufsstand sollte tunlichst daran arbeiten, dass die Generation Y uns bei der Jobsuche nicht ignoriert. Gerade die massiven Veränderungen der Arbeitsweise und völlig neue Zugangswege zum Kunden und die damit einhergehenden Möglichkeiten, einen Pfeiler der gesellschaftlichen Grundordnung, die Versicherungsbranche, komplett neu zu gestalten, sollten das Interesse der jungen Menschen wecken. Zukünftig werden Kunden beim Einchecken am Flughafen von ihrer Smartwatch auf die fehlende Auslandskrankenversicherung aufmerksam gemacht, Verträge per Sprachnachricht geschlossen, völlig neue Produkte entwickelt und dazu will und wird sich eine ganze Branche entstauben und erneuern. Solche Perspektiven sind doch mindestens genauso spannend wie das Austauschen eines Kfz-Motors, das Lösen von IT-Problemen bei Office Anwendern oder das Entwickeln von Online-Shopping-Kanälen.

Trotz eines sich regulierenden Personalbestandes bleibt, ja, wird die Versicherungsbranche hoch interessant für aufgeschlossene, intelligente und wissbegierige junge Menschen, die an der Umgestaltung einer ganzen Branche mitmachen wollen. Auf geht's, ihr Studierenden und Schulabsolventen. Ein Dinosaurier der Wirtschaft braucht einen neuen Lebensraum. Helft ihm dabei, den richtigen Platz zu finden und schön einzurichten.

Der Versicherungsvertreter ist keine sterbende Art. Ganz im Gegenteil. In einer Gesellschaft, die sich wieder stärker mit Umweltschutz und Politik beschäftigt, unzählige Möglichkeiten der Freizeitgestaltung bietet und in den meisten Berufen maximalen Einsatz verlangt, bieten meine Kollegen und ich etwas sehr Wertvolles: Zeit. Weil wir uns kümmern, bleibt den

Menschen mehr Zeit für andere wichtige Dinge. Das kann und wird in Zukunft nur an Bedeutung gewinnen und dafür sorgen, dass Sie, liebe Leser, uns in Ihre Freunde-Bücher schreiben lassen, mit der Tochter vermählen oder einfach nur den nächsten Urlaub mit uns verbringen wollen.

Noch ist das für Sie nicht denkbar? Dann gehen wir mal ans Eingemachte.

Kapitel 12

Woher kommt der schlechte Ruf des Versicherungsvertreters und wie werden wir ihn los?

Egal, ob man nach dem Vertrauen der Bundesbürger in die Versicherungsbranche fragt, nach den beliebtesten Berufen oder den unsympathischsten Tätigkeiten. Der Versicherungsvertreter und meine gesamte Zunft sehen immer alt aus. Und das kontinuierlich seit Jahren.

Wieso ist das so? Sind wir wirklich so schlecht? Ist der Beruf so unfassbar uninteressant? Muss man davon ausgehen, dass ca. 500.000 Menschen, die in der Versicherungsindustrie arbeiten, allmorgendlich frustriert aufstehen, sich zur Arbeit schleppen und auf ihrem Smartphone den Countdown bis zum Feierabend einstellen, in dem Bewusstsein, dass man in dieser Branche einfach keinen Spaß haben kann? Woher kommt das schlechte Ansehen der Versicherungen? Gehen wir doch mal auf Spurensuche.

„Die bösen Verkäufer"

Der deutsche Einzelhandel hat rund drei Millionen Beschäftigte. Wissen Sie, welche Berufsbezeichnung die meisten Angestellten dort haben? Verkäufer! Ist das nicht ein Skandal? Die sind dort einzig und allein angestellt, um Ihnen etwas zu verkaufen.

Sie flippen doch sicherlich auch regelmäßig aus, wenn die Dame an der Wursttheke fragt, ob es auch eine Scheibe mehr sein darf. Nein?

Wie häufig wollten Sie schon die Verbraucherschutzzentrale informieren, als der gut geschulte, braun gebrannte Typ beim Herrenausstatter auf die unverschämte Idee kam, dass er noch einen tollen Anzug für Sie hat, den er Ihnen unbedingt mal in die Umkleide bringen möchte, dazu natürlich passende Schuhe, Gürtel und das Einstecktuch in lila? Noch nie?

Grenzt es nicht an Betrug, wenn Sie dem Autoverkäufer sagen, ihr Budget für den Neuwagen beträgt 30.000 € und er zeigt Ihnen ein Modell für 29.000 € in der Grundausstattung und empfiehlt Ihnen im Laufe der Beratung noch Sonderausstattung und Zubehör für weitere 15.000 Piepen? Finden Sie nicht?

Genau das ist die schreiende Ungerechtigkeit. Denn dem Versicherungs-vermittler wird seit Jahrzehnten vorgeworfen, dass er den Menschen nur etwas verkaufen möchte. Leider keine Wurst, Hose oder kein Auto. Nein. Ein Stück Papier. Das Dokument wiederum kann im Vergleich zum lila Einstecktuch jedoch existenziell sein. V. a. wenn ich es nicht habe.

Selbstverständlich will der Versicherungsvermittler verkaufen. Er möchte Sie als Kunden gewinnen und wirklich jeden einzelnen Versicherungsver-trag mit Ihnen abschließen, den Sie zu kaufen bereit sind. Ist das denn wirklich so unredlich?

Wenn Sie feststellen und nach eigener Recherche und einer guten Be-ratung entscheiden, dass Sie eine Privathaftpflicht-, Hausrat-, Berufsun-fähigkeits- und eine Unfallversicherung haben wollen. Ist es dann wirk-lich vorzuwerfen, dass der Versicherungsvertreter genau diesen Bedarf abdeckt, eventuell eine weitere Lücke in der Vorsorge anspricht und mit Ihnen Verträge schließt?

Ja, ich weiß. Der Einspruch ist immer wieder, dass den Leuten zu viele Versicherungen verkauft werden. Meine Güte. Sie sind erwachsen. Das können Sie doch selbst entscheiden. Ich habe schon im Kapitel „Die Qual der Wahl" beschrieben, dass der Deutsche überversichert ist. Ja, das ist er. Aber er hat auch zu viele Handys, Handtaschen und Fernsehprogram-me. Wir neigen zum übertriebenen Konsum. Wohl keiner anderen Bran-che wird diese Tatsache so sehr zum Ruf schädigenden Nachteil gereicht wie der meinen.

Jede Bäckereifachverkäuferin fragt mich beim Brotkauf, was es denn noch sein darf. Manchmal kaufe ich dann noch ein paar Stück Kuchen oder eine Laugenbrezel für die Kinder. Manchmal auch nichts.

Und der Versicherungsvertreter, wie ich? Ich gehe, sofern er mir die Zeit gibt, mit dem Kunden die Palette der Möglichkeiten im Bereich Versiche-rungen durch und gleiche es mit seinem Bedarf ab. Er bekommt seine Fragen beantwortet und erhält Empfehlungen. Am Ende wird entschieden und unterschrieben.

Wie überall im Leben geht es bei Rechtsgeschäften, und nichts anderes ist der Kauf von Produkten und Dienstleistungen, um Vertrauen. Suchen Sie sich um Himmels Willen jemanden, der Sie nach Ihren Wünschen be-rät und lassen Sie sich helfen. Im Reisebüro, an der Käsetheke und auch bei Ihren Versicherungen. Und noch eine Bitte. Akzeptieren Sie, dass der Vermittler für seine Arbeit bezahlt wird. In aller Regel, Ausnahme sind die wenigen Honorarberater, ist die Vergütung in die Prämien, die der Berater mit Ihnen besprochen hat, schon eingepreist.

Ein Versicherungsvertreter lebt vom Verkauf. Davon, dass Sie ihm vertrauen. Das unterscheidet ihn nicht vom Arzt, Apotheker oder Schuhladen.

Wenn Sie beim Handyshop, beim Immobilienmakler oder im Versicherungsbüro ein schlechtes Gefühl haben und die Beraterin oder der Berater Ihnen unsympathisch oder inkompetent erscheint: Raus aus dem Laden!

Umkehrschluss: Wenn Sie einen Berater gefunden haben, der Sie passend berät, Ihnen wohl gesonnen und fachkundig erscheint, dann freuen Sie sich, bleiben gerne kritisch, in dem Sie sich mit den Inhalten und Produkten auseinandersetzen und akzeptieren Sie, dass der Berater für seine Arbeit Geld bekommt. Die fleißigen und guten Berater in der Regel mehr als die faulen und schlechten. Das ist das System der freien Marktwirtschaft, für das wir uns mehrheitlich entschieden haben. Die Alternative dazu ist übrigens der Sozialismus. Auch keine schlechte Idee, allerdings sind die ersten 200 Jahre dort immer sehr hart.

Die Schatten der Vergangenheit

„Ich kaufe nichts an der Haustür", sagt die Hausfrau entschlossen, als ein fremder Schlipsträger vor dem Eingang steht. „Das kann ich gut verstehen. Dann komme ich mal besser rein", antwortet der Vertreter und legt los.

So stelle ich es mir vor. Das Verkaufs- und Rhetorik-Training für Versicherungsvertreter in den 1980er Jahren.

Erinnern Sie sich noch an den unfassbar komischen Sketch von Loriot, in dem die von Evelyn Hamann verkörperte Frau Hoppenstedt gleich drei verschiedene Vertreter durch die Haustür lässt? Den Weinvertreter Blümel, der Frau Hoppenstedt mit dem „Oberföhringer Vogelspinne" begeistern möchte. „Von deutschen Sonnenhügeln frisch auf den Tisch. Selbstverständlich abgepackt und originalverkorkt von Pallhuber und Söhne", trillert er der überforderten Hausfrau immer wieder entgegen. Dazu der Staubsaugervertreter Jürgens mit seinem Slogan: „Es saugt und bläst der Heinzelmann, wo Mutti sonst nur saugen kann". Und wer ist der Dritte im Bunde? Ganz genau. Der Versicherungsvertreter – Herr Schober.

Mal abgesehen davon, dass der Sketch aus dem Jahre 1978 auch 40 Jahre später nicht an Witz verloren hat, ist er ein wichtiges Dokument, um das heutige, immer noch vorhandene Bild des Versicherungsvertreters zu ergründen. Damals war es tatsächlich so oder so ähnlich wie in Vicco von Bülow Meisterwerk karikiert. Nicht nur im Versicherungsvertrieb wurde an Haustüren verkauft.

Ich kann mich noch daran erinnern, wie begeistert meine Mutter war, nachdem ein kecker, sympathischer Vorwerk-Vertreter den frisch auf unseren Teppich ausgekippten Dreck mit wenigen Saugbewegungen des neuesten Models wieder entfernte. Ratenzahlungsvertrag auf den Tisch und nach zwölf Monaten Abstottern war der Wundersauger unser Eigentum.

Als ich nach meiner Ausbildung zum Versicherungskaufmann 1991 in den Außendienst wechselte, brüstete sich der Agenturinhaber, für den ich damals arbeitete, wie erfolgreich er in den 70er Jahren von Haustür zu Haustür zog und unfassbar viele Verträge an den Mann und die Frau brachte.

Ich erinnere mich auch an eine Situation, Mitte 1992. Der besagte Versicherungsvertreter hatte nach dem Tanken innerhalb von nur wenigen Minuten seinem Tankwart über den Kassentresen einen nicht unerheblichen Rentenversicherungsvertrag verkauft und feierte sich dafür nach seiner Rückkehr ins Büro.

Nach meinem Wechsel 1998 zum Marktführer der Branche, berichteten mir die „Alten Hasen" voller Sehnsucht und Nostalgie, dass sie früher mit dem Abrissblock die Policen in Minutentakt an der Haustür verkauften.

Auch Anfang der 2000er Jahre erlebte ich noch Führungskräfte, die von jungen Außendienstlern verlangten, mit dem „Örtlichen" loszuziehen, um neue Kunden zu akquirieren. Für die jüngeren Leser: „Das Örtliche" war ein sog. Telefonbuch. Dort konnte man die Adressen und Telefonnummern von Menschen finden, bevor es Google und Co. gab. Datenschutz wurde zu der Zeit noch klein geschrieben. Man stand einfach drin.

Ich kann gut nachvollziehen, dass so in den 70er und 80er Jahren das heute teilweise immer noch vorhandene Bild des Versicherungsvertreters entstanden ist. Da kommt ein wildfremder, wortgewandter Typ im Anzug an die Haustür, bringt sich mit angewandter Rhetorik unterschiedlicher Qualität auf das Wohnzimmersofa und bleibt dort so lange sitzen, bis unten rechts unterschrieben wurde. Die Verträge hatten damals nicht selten eine Laufzeit von zehn Jahren und das Widerrufsrecht war wenig bekannt. Dazu war der Vermittler anschließend häufig nicht erreichbar oder schon wieder ausgeschieden. Und wie sieht heute die Wirklichkeit aus?

Wann war das letzte Mal ein Versicherungsvertreter nicht angekündigt vor Ihrer Tür und wedelte mit dem Verkaufsprospekt? Selbst die Staubsaugervertreter sind meiner Wahrnehmung nach verschwunden und vertreiben ihre Geräte inzwischen auf andere Art und Weise.

Bereiten Sie Ihren Nachwuchs heutzutage noch auf das Leben vor, in dem Sie ihm unbedingt empfehlen, nichts an der Haustür zu kaufen? Ich habe vier Kinder und mir fällt beim Schreiben auf, dass ich eine solche Empfehlung noch nie in Richtung meiner Kinder von mir gegeben habe. Weil sie mir nicht wichtig sind? Von wegen. Es ist schlicht und ergreifend nicht nötig.

Die Einzigen, die heutzutage unangemeldet an der Tür klingeln, sind Heerscharen von Paketboten, die inflationäre Internetein- und -fehlkäufe zwischen Händler und Kunde und wieder zurück transportieren.

Selbst die Zeugen Jehovas machen sich mit ihren Weltuntergangsgesprächen an der Haustür rar, obwohl die aktuellen Klima-Szenarien und Wetterkapriolen Wind in ihren Bemühungen sein müssten.

Versicherungsvertreter an der Haustür? Fehlanzeige. Das, was vor 30 bis 40 Jahren selbstverständlich war, kann man sich heute nicht mehr vorstellen und ich kenne niemanden in der Branche, der auch nur annähernd noch so arbeitet. Mal abgesehen davon, dass die Bestimmungen das auch gar nicht mehr möglich machen.

Dennoch hat es sich in den Köpfen vieler Menschen festgesetzt und wird vermutlich als vermeintliches Allgemeinwissen von Eltern an ihre Kinder weitergegeben: Der Versicherungsvertreter ist böse!

Wenn man erstmal sein Image weg hat, ist es verdammt schwer, das wieder los zu werden. So findet bei Aldi seit Monaten eine Investitions- und Werbeoffensive statt, um den Ruf des Billig-Discounters loszuwerden. Die Leute wollen auch den Einkauf als Event und keine Low-Budget-Ware von der Palette mehr.

Die Stadt Bielefeld kämpft gegen den Ruf, gar nicht zu existieren und Christoph Maria Herbst kann Rollen antreten, wie er will. Die Zuschauer hören bei ihm in den ersten Sätzen immer den Stromberg heraus.

Der Mensch hat ein Bild im Kopf, eine Meinung oder ein Halbwissen, und das lässt sich nicht so einfach verändern. So wie die Ratschläge, dass Rotweinflecken am besten mit Salz entfernt werden, rasierte Haare schneller wachsen und ein Schnaps gut für die Verdauung ist. Das sind Mythen, die längst widerlegt wurden. Dennoch werden sie munter weitererzählt.

Zeiten und Gegebenheiten ändern sich. Zum Glück.

In den 70er Jahren wurde kein Kind im Auto angeschnallt, ich bin mit fünf Jahren alleine einen Kilometer zum Kindergarten gelaufen und meine Mutter wusste nicht, wo ich zum Spielen unterwegs war. Alles heute kaum vorstellbar.

Und genauso hat sich der Beruf des Versicherungsvertreters radikal verändert.

Eine moderne Versicherungsagentur ist mit dem häufig noch vorhandenen Bild in den Köpfen vieler Menschen nicht mehr vergleichbar. Ein solches Büro ist ein analoger und digitaler Dienstleister, mit sehr gut geschultem Personal, professioneller Beratung, anschließender Dokumentation und persönlicher Hilfe im Schadenfall.

Dahinter stehen Versicherungsunternehmen, die immer stärker nach echten Kundenbedürfnissen handeln und Vorgänge einfacher gestalten wollen und werden.

Die Nestbeschmutzer der Branche werden mittlerweile kompromisslos ausgesondert. Ich habe in den 90er Jahren noch Schulungen erlebt, auf denen „Experten" beraten haben, wie man mit Falschangaben zu besseren Preisen kommt. Es war früher nicht selten, dass man sich damit brüstete, wie gut man die Unterschrift der Kunden kopieren konnte, falls dieser mal nicht ins Büro kommen wollte und nur telefonisch sein „Okay" zum Vertrag gab. Kunden bekamen nicht selten einen Nachlass für den Beamtenstatus, obwohl sie als Autolackierer arbeiteten. Ganz schlimm war es, wenn Versicherungsvermittler Kunden dazu rieten, Vorerkrankungen bei einer Lebens- oder Krankenversicherung nicht anzugeben.

Es war eine Art Spiel. Wer hat mehr Phantasie, um die besten Ergebnisse für den Kunden zu erreichen. Diese Zeiten sind lange vorbei. Kundenbestände werden von den Versicherungsgesellschaften nach Auffälligkeiten gescannt. Ich weiß nicht nur von einem Fall, bei dem einem Versicherungsvertreter der Vertrag gekündigt wurde, weil man festgestellt hatte, dass z. B. die Kunden mit einer bestehenden Kfz-Versicherung zu annähernd 100 % über eine Garage verfügten. Sie erinnern sich sicherlich noch daran, dass es Rabatte für Garagenbesitzer gab und gibt.

Was früher als „Schlitzohrigkeit" galt, wird heute kompromisslos geahndet. Wer heute nicht sauber arbeitet, wird verabschiedet. Da verstehen die Versicherungsgesellschaften keinen Spaß.

In meinen Augen ist das in Ordnung und keine Überwachung oder Kontrollwahn. Nein. Ich finde es gut. Wenn meine Branche den Imagewandel meistern möchte, dann müssen die wenigen verbliebenen Übeltäter identifiziert und auf den Pfad der Tugend gebracht oder ausgetauscht werden. Die im vergangenen Jahrhundert teilweise gelebte Laissez-faire-Art der Versicherungsgesellschaften, mit der „Kreativität" des Außendienstes umzugehen, war in meinen Augen ein großer Fehler. Ich möchte sehr deutlich schreiben. Es gab nie eine offizielle Mitteilung oder Aufforderung der Gesellschaften, bewusste Falschangaben vorzunehmen. Allerdings, wenn Sie Kinder haben, wissen Sie auch: Sollen die Kleinen um acht Uhr im Bett sein, muss man ab und zu auch kontrollieren, ob sie überhaupt zu Hause sind.

Sehr viele Kunden haben bei diesen „Spielereien" mitgemacht. Für sie war es ein Vorteil im Beitrag, ohne dass sie ein Risiko für sich daraus abgeleitet haben. Doch weit gefehlt. Nach § 19 des Versicherungsvertragsgesetzes hat der Kunde eine vorvertragliche Anzeigepflicht. Das bedeutet nichts anderes als die Gefahr der Kündigung eines Vertrages durch die Versicherungsgesellschaft, wenn die Anzeigepflichtverletzung bekannt wird. Das kann bei einer Lebens- oder Krankenversicherung ziemlich üble Auswirkungen haben.

Wenn es Ihnen passieren sollte, dass Sie auf einen meiner Artgenossen treffen, der Ihnen solche Bärendienste erweisen möchte, dann tun Sie sich und meiner Branche einen Gefallen. Lehnen Sie sehr deutlich eine solche Vorgehensweise ab und suchen sich gegebenenfalls einen anderen, vertrauenswürdigeren Berater. Die sind in der absoluten Mehrheit. Das versichere ich Ihnen.

Das Selbstverständnis einer Branche und auch die Wahrnehmung in der Öffentlichkeit wandeln sich. Zurecht. Natürlich ist der Mix der Charaktere in meinem Kollegenkreis ein repräsentativer Schnitt durch die Gesellschaft. Es gibt Situationen, in denen ich mich entsetzt von Kollegen abwende. Geschehen vor einiger Zeit nach einem Vortrag bei einer Jahresauftakt-Veranstaltung auf Usedom. Dort teilte mir ein Berufskollege mit, er würde sich kein Hotelzimmer nehmen, sondern lieber mit dem Taxi eben über die polnische Grenze fahren und dort im Puff übernachten. Das sei billiger. Da fehlen einem die Worte.

Selten erlebe ich auch Direktoren oder Vorstände, die sich nach dem Konsum von zu viel Alkohol unfassbar herrschaftlich oder einfach nur daneben benehmen. Das sind jedoch absolute Ausnahmen und als solche seien sie hier auch erwähnt.

Durch mehrere hundert Gelegenheiten, bei denen ich als Redner, Moderator oder Kabarettist im Rahmen diverser Veranstaltungen in der gesamten Versicherungsbranche aufgetreten bin, habe ich einen guten Überblick bezüglich dessen, was sich derzeit tut. Die Entwicklung ist erstaunlich.

Ich komme gar nicht nach, mir die innovativen Büros von sehr einfallsreichen Kollegen anzusehen, genieße den fachlichen Austausch und die Qualität auf Tagungen und Kongressen. Nicht zuletzt ist es wahnsinnig angenehm, wie nahbar und jovial viele Vorstände sind, die mir nicht wie früher von ihren sich gut entwickelnden Aktienpaketen, sondern vom Kitesurfen, Sabbatjahr in Südamerika oder der wunderschönen Elternzeit berichten.

Die gerade beschriebenen Ausnahmen und die wenigen Mammuts der Branche, welche noch nach veraltetem Muster arbeiten, sind eine aussterbende Art.

Meine Branche ist dabei, sich komplett rundzuerneuern. Die Ansprüche an einen Vermittler von Versicherungen sind mittlerweile so hoch, dass man nur mit gewissen Qualitätsmerkmalen und -standards eine echte Chance auf eine erfolgreiche, dauerhafte Existenz in meinem so schönen Beruf hat.

Diese Fakten sollten dazu führen, dass die Versicherungsindustrie die Schatten der Vergangenheit abschüttelt und deutlich selbstbewusster auftritt.

„Schluss mit Schüchtern"

Gucken Sie sich doch mal die Internetseite „Die Versicherer" an. Über 30.000 Menschen folgen dem Verbraucherportal des Gesamtverbandes der Deutschen Versicherungswirtschaft. Bei vermutlich über 70 Millionen Versicherungskunden ist da sicherlich noch Luft nach oben, aber mir geht es um etwas anderes. Hier wird sehr ansprechend, zeitgemäß und locker zu Themen aus meinem einzigartigen Beruf informiert. Aktuelle Infos zur Versicherung von E-Rollern, Berichte zu großen Schadenfällen oder einfach mal ein „Bullshit Bingo" zur Altersvorsorge. Das sind immer noch keine Themen, wegen derer man den Junggesellenabschied des besten Freundes absagt. Auf der anderen Seite ist es ein sichtbares Beispiel für den Wandel der Branche.

Um diese Erkenntnisse und die Veränderungen meines Berufsbildes in die Öffentlichkeit zu tragen, bedarf es auch eines gewissen Paradigmenwechsels der Unternehmenskommunikation bei den einzelnen Versicherungsgesellschaften. Dazu hole ich etwas weiter aus. Ich hoffe, Sie haben gerade noch ein wenig Zeit.

Ende Mai 2011 hatte ich das große Vergnügen, aufgrund der guten Verkaufserfolge im Jahr zuvor an einer dreitägigen Reise nach Sardinien teilnehmen zu dürfen. Ein netter Empfang, abends ein feines Essen mit klassischer Musik, am nächsten Tag ein Ausflug über die Insel, am Tagesende eine Feier mit Livemusik und guter Stimmung im legeren Rahmen und am dritten Tag wieder zurück. Toll organisiert und eine schöne Belohnung für die Mühen eines Jahres.

Dazu die Gelegenheit, sich mit vielen Kollegen und Vorständen mal in angenehmer Atmosphäre auszutauschen.

Ausgerechnet auf dem Rückflug dieser Reise las ich die Tageszeitung und traute meinen Augen nicht. Ich erfuhr vom großen Sex Skandal eines deutschen Versicherungsvertriebes, der in 2007 seine besten 100 Verkäufer nach Budapest einlud und mit Prostituierten in einer Badetherme „belohnte". Es gab für alle Teilnehmer Armbändchen in unterschiedlichen Farben, so die Zeitung, um die Damen der Begierde zuordnen zu können. Je erfolgreicher oder wichtiger die Teilnehmer waren, desto größer die Auswahl.

Beim Lesen schaute ich auf meinen rechten Arm und entdeckte – ein blaues Bändchen. Das hatten auch wir auf Sardinien beim Einchecken um das Handgelenk bekommen, damit unsere Gruppe vom Personal des Hotels von den sonstigen Gästen unterschieden werden konnte. Schließlich hatten wir die alkoholfreien Getränke während des Aufenthalts frei.

In einer panikartigen Handlung und als Präventivmaßnahme einer falschen Interpretation des Bändchens durch meine Ehefrau riss ich mir das potenzielle Missverständnis vom Arm. Innerhalb von wenigen Minuten war diese Reaktion bei dutzenden Kollegen im Flieger zu beobachten, die zu Hause angekommen nicht völlig unbegründet in Erklärungsnot geraten wollten. Ich war nicht der einzige, der die Zeitung las. Was dann passierte, löst bei mir immer noch gewisse Symptome eines Magengeschwürs aus.

Ich bin völlig bei Ihnen, liebe Leser, dass die Geschehnisse in der Therme von Budapest an Widerlichkeit, Dekadenz und Menschenverachtung kaum zu überbieten waren. Da wurden die Damen mit Stempeln versehen, um die Häufigkeit der erbrachten Liebesdienste anschließend abrechnen zu können. Ich kann kaum glauben, dass es über fünf Jahre gedauert hat, bis diese Ereignisse an die Öffentlichkeit gelangt sind. Da waren immerhin rund 100 Herren beteiligt. Irgendjemand muss doch auch diese Rechnung bezahlt und, noch viel erstaunlicher, irgendwo verbucht haben. Unfassbar, dass da so lange nichts durchgesickert ist.

Die Reaktionen der Presse und der Öffentlichkeit waren massiv. Man stürzte sich auf die ohnehin schon unbeliebte Versicherungsbranche wie der Adler auf das Kaninchen. Es gab wochenlang kaum ein Kundengespräch, in dem ein Versicherungsvermittler nicht mindestens mit einem Nebensatz darauf angesprochen wurde, wann es denn mal wieder in die Therme ginge oder ob man auch schon mal ein Armbändchen bekommen hatte. Auch sehr beliebt war der Hinweis, dass der Versicherungsantrag sicherlich noch abgestempelt werden müsse. Dass könne meine Branche schließlich sehr gut.

Es war erniedrigend und ein klarer Fall von Generalverdacht für meine gesamte Berufsgattung. Ich fühlte mich zu der Zeit gar nicht wohl in meiner Haut. In einer Mischung aus Scham und Wut ging man zum Kunden, bis endlich andere Schlagzeilen den Fokus der Gespräche verlagerten. Die Nachwehen halten allerdings bis heute an. Immer wieder kommt die Geschichte in unregelmäßigen Abständen auf den Tisch.

Die Reaktionen der Versicherungsunternehmen auf diese beispiellosen Ereignisse in Ungarn habe ich als ängstlich und übertrieben wahrgenommen. Viele Gesellschaften antworteten mit der beinahe paranoiden Absage und dem Streichen von Incentivereisen. Wenn es doch Ausflüge gab, dann mit sehr eingeschränktem Programm. Es durften keine Fahnen vor dem Hotel wehen, um nicht unnötig Aufmerksamkeit zu erregen, Alkohol wurde nicht oder nur sehr eingeschränkt ausgeschenkt und alle Teilnehmer verpflichtet, keine Bi der der Reise öffentlich zu machen. Nicht selten wurden oder werden seitdem Sicherheitsmitarbeiter engagiert, die darauf achten sollen, dass sich alle Teilnehmer benehmen.

Können Sie sich vorstellen, wie unangenehm sich das anfühlt, wenn man als Erwachsener auf so einer Reise von einem „Sittenwächter" beobachtet wird? Das nahm zum Teil groteske Auswüchse an.

Auf einer Skitour nach Kaprun wurde ich mit drei Kollegen vom schlechten Wetter auf der Piste überrascht. Wir fuhren eine Hütte an, auf der etwas später das Mittagessen seitens der einladenden Gesellschaft geplant war. Um unsere Sinne für die schwierigen Fahrbedingungen zu schärfen, bestellte ich erstmal vier Radler und vier Obstler. In dem Moment kam ein finster dreinblickender Typ auf uns zu und ermahnte mich, ohne sich und seine Rolle zu erklären, mit „Das ist aber die erste und letzte Runde". Wissen Sie, ich lasse mir so ungern von fremden Menschen vorschreiben, was ich zu tun und zu lassen habe. Mit einem „Du lügst ja" in Richtung des Aufpassers signalisierte ich der Bedienung, dass ich gerne für mich und meine Kollegen das gleiche Gedeck noch einmal hätte. Sofort wurde das Orgateam per Telefon über unser Fehlverhalten informiert. Nochmal zur Klarheit. Es handelte sich hier nicht um eine Klassenfahrt der 6b aus Remscheid.

Ich mag keine Ahnung von Unternehmenskommunikation und Öffentlichkeitsarbeit haben. Meine persönliche Einschätzung ist jedoch die, dass die Maßnahmen, mit denen man auf Budapest reagierte, nicht besonders mutig und selbstbewusst waren.

Ich hätte mir gewünscht, dass der Gesamtverband der Versicherungswirtschaft oder von mir aus Vorstände der großen Versicherer in Deutschland eine Erklärung an die Presse geben, in der man die Ereignisse von Budapest massiv verurteilt und gleichzeitig darauf hinweist, dass es sich hier um eine unrühmliche Ausnahme und maximale Grenzüberschreitung handelte. Man hätte offensiv darauf hinweisen sollen, dass Veranstaltungen in der Versicherungsbranche zu 99,999 % in einem gesitteten Rahmen und ohne anrüchiges Begleitprogramm stattfinden.

Ich erinnere mich an einen Bericht im ARD Magazin „Plusminus" aus dem Jahr 2012, also wenige Wochen nach dem Bekanntwerden der Budapest Geschehnisse. In der Dokumentation der Fernsehsendung wollte man scheinbar als Bestätigung eines generellen Werteverfalls in der Versicherungsbranche eine skandalöse Reise des Marktführers, der Allianz, aufdecken. Konkret ging es um 600 Vertreter, die nach einem dreijährigen Wettbewerb für drei Tage auf die griechische Insel Rhodos eingeladen wurden. Bei annähernd 10.000 Vertretern reden wir hier also über die besten sechs Prozent, die sich 36 Monate mit besonderem Einsatz ins Zeug gelegt hatten, um bei dieser Fahrt dabei sein zu dürfen. Und was führt „Plusminus" ins Feld? Dass man tatsächlich Busse gechartert hatte, um die Allianz-Mitarbeiter zum Hotel zu fahren. Das ist kein Witz. Schauen Sie sich gerne mal den Bericht auf YouTube an. Da werden, mit einem entsetzten Kommentar versehen, Busse am Flughafen gezeigt, die dafür bestimmt waren, die Gäste zum Hotel zu fahren. Ja, was denn sonst? Sollen die Reisenden auf dem Esel reiten oder wie? Selbst wenn ich eine Woche Lloret de Mar, All Inclusive, im schicken zwei Sterne Haus an der Hauptstraße für 199 € im Internet buche und mir mit drei britischen Trucker-Fahrern auf Stammtisch-Tour das Zimmer teilen muss, werde ich vom Flughafen mit dem Bus in meine noble Herberge gefahren.

Es ging weiter bei „Plusminus". Für die glücklichen Teilnehmer gab es nach der Ankunft ein schickes Abendessen. Unfassbar, oder? Erst werden die gefahren und dann gibt es auch noch Nahrung. Eine verpixelte Hotelangestellte darf dann noch den untertitelten Kommentar: „sehr teuer" ins Mikrophon hauchen.

Wenn ich einlade, dann bekommen meine Gäste auch keine Currywurst mit Pommes aus dem Backofen. Weiter skandalierte das angebliche Nachrichtenmagazin, dass die Reise insgesamt wohl 1 Mio. € gekostet habe. Ein Mitarbeiter des Bundes der Versicherten echovierte sich, dass das schließlich alles von den Kunden mitbezahlt würde und eventuell sogar die Überschussbeteiligung der Lebensversicherung senken könnte.

Ich musste laut lachen, als ich den Bericht gesehen habe. Bei ca. 100 Mrd. € Umsatz der Allianz entspricht die Million für eine solche Reise genau 0,001 % von den Jahreseinnahmen. Wenn Sie 1.000 € im Jahr für Ihre Versicherungen bei der Allianz bezahlen, haben Sie diese Rhodos Tour mit einem ganzen Cent gesponsert. Und übrigens: Wenn die ca. 100.000 VW-Mitarbeiter einen Bonus in Höhe von 5.000 € bekommen, zahlt das auch jeder Käufer eines Volkswagens mit. Selbst das Betriebsfest des Landschaftsverbandes Westfalen Lippe wird durch den Steuerzahler mitfinanziert. Solche Berichterstattungen bedienen lediglich das Neidzentrum im Menschen, haben jedoch mit einem investigativen Journalismus herzlich wenig zu tun.

Wenn ich ein besonders gutes Jahr hatte, kann ich meinen Mitarbeitern im Büro einen Extrabonus zahlen. Da geht dann gut die Hälfte für Steuern und Sozialversicherungsabgaben drauf und der Rest des Geldes ist schnell ausgegeben. Die Erinnerung daran verblasst mit der Zeit.

Viel wertvoller und nachhaltiger ist es jedoch, wenn ich mein Team ein paar Tage nach Sylt oder Ischgl einlade, wir dort viel Zeit für gute Gespräche haben, uns noch besser kennenlernen, lachen, einfach mal stundenlang dummes Zeug daherreden und auch feiern. Von mir aus bis zum nächsten Morgen. Das sind die Momente, die ein Team enger zusammenbringen, und ein sehr wirksames Mittel, um die Zufriedenheit im Betrieb zu steigern und Fluktuation zu verhindern. Bei meiner Einschätzung dürfen Sie als Selbstverständlichkeit das Einhalten gewisser Regeln guten Benehmens voraussetzen.

Absolut nichts anderes ist es, wenn eine Versicherungsgesellschaft einen Teil seines Außendienstes zu einer Reise einlädt und mit einem schönen, seriösen Programm für gute Arbeit belohnt. Ich war in den vergangenen 20 Jahren als Teilnehmer oder Programmpunkt auf einer Menge Reisen dabei. Ich kann Ihnen außer der Tatsache, dass jemand mal die Wirkung vom Alkohol unterschätzt hat, von keinem Skandal berichten.

Das „Wildeste", das mir einfällt, ist vermutlich mal eine brasilianische Samba-Gruppe, die gewohnt bekleidet und mit südamerikanischem Temperament die Stimmung der anwesenden Kollegen und Kolleginnen im Saal hochkochen ließ.

Der übliche Ablauf während solcher Fahrten ist jedoch in der Regel ein geselliger Abend und etwas Sightseeing am Reiseort. Dazu kommt jede Menge hochinteressanter Begegnungen und Dialoge mit Kollegen. Da werden Erfolgsrezepte und Innovationen besprochen, über Reinfälle und Misserfolge erzählt und man hat die Möglichkeit, die Entscheidungsträger der Versicherungsgesellschaften zu treffen und näher kennenzulernen. Diese nutzen die Gelegenheit, um sich jede Menge Infos vom aktuellen „Frontgeschehen" einzuholen.

Was ist daran verwerflich? Wieso berichtet ein Wirtschaftsmagazin eines öffentlich-rechtlichen Senders über so eine Nichtigkeit? Das ist doch eine Sache der Allianz, wie sie ihre Mitarbeiter bezahlt oder belohnt. Selbst, wenn Coldplay, Chris de Burgh oder Helene Fischer für einen Auftritt engagiert werden, ist das eine Anerkennung der Verdienste von außergewöhnlich erfolgreichen Mitarbeitern.

Ich halte doch den 2.300 Gästen des Bundespresseballs im noblen Adlon Hotel in Berlin auch nicht vor, dass die Eintrittskarte für die Party 650 € kostet und in der Regel von den Verlagen und Firmen der Journalisten übernommen wird. Somit also ca. 1,5 Mio € Kosten der Verlage und Firmen für ein großes Fest mit feiner Gastronomie und Stargästen. Bezahlt wird das natürlich von den Lesern und Fernsehzuschauern. Meine Güte. Das ist ein wichtiger Termin für die Medienlandschaft, also müssen diese Leute dahin. Wenn es auch noch Spaß macht – umso besser.

Warum habe ich so weit ausgeholt? Nun, es zeigt die Scheu der Versicherungsbranche vor der öffentlichen Meinung. Das müssen wir ändern.

Erinnern Sie sich noch an Ihre Schulzeit? Es gibt doch in fast jeder Klasse immer den Deppen, der ständig gemobbt, geärgert und manchmal auch geschlagen wird. Wie lange werden diese armen Schweine aufs Korn genommen und gehänselt? In der Regel so lange, bis sie sich das erste Mal wehren. Bis sie zurückschlagen.

Das genau fehlt mir noch sehr. Das Sich-Wehren meiner Branche. Wenn ein Panorama-Magazin nach einer blitzsauberen Reise für sehr erfolgreiche und verdiente Mitarbeiter nach Rhodos eine scheinbar skandalöse Story aus dem Ärmel zaubert, dann gehört denen argumentativ was um die Ohren gehauen. Ich hätte der vermutlich an wirklich interessanten Themen mangelnden Redaktion vorgerechnet, wie hoch die Kosten des Journalistenteams für den Trip nach Griechenland waren, bezahlt vom Gebührenzahler. Und wozu die Ausgaben? Um darüber zu berichten, dass da ein paar hundert Allianz-Vertreter ein paar warme Mahlzeiten und eine Busfahrt genießen durften. Gibt es denn nichts Interessanteres aufzudecken?

Wenn Politiker und Journalisten bemängeln, die meisten Versicherungsvertreter hätten keine Ahnung von dem, was sie tun, dann sollte man mit den durchschnittlichen, messbaren Weiterbildungstagen eines Versicherungsvermittlers kontern.

Wenn man die Provisionszahlungen in der Lebensversicherung beschneiden möchte, sollte das Plakatieren der halben Republik durch die Versicherer folgen. Auf den Werbebotschaften fragt man dann die Bäcker, Kfz-Werkstätten und Steuerberater des Landes, wie sie die Idee fänden, ihre Verdienste durch ein Gesetz begrenzen zu wollen, und schafft so Verständnis und Anteilnahme. Während das Land sich über die Enteignungsvorschläge des JUSO-Chefs Kevin Kühnert aufgeregt hat, diskutiert man schließlich zur selben Zeit über einen „Enteignungsplan Light" in der Versicherungsbranche. Die Begrenzung der Provisionen. Öffentlicher Aufschrei ob eines einmaligen Eingriffs in die Vergütungen selbstständiger Unternehmer? Null. Das müssen wir verändern.

Meine Branche muss mutiger werden. Während die Automobilindustrie trotz einer Vielzahl von Betrügereien und Skandalen die Politik mit Hilfe des ständig gezogenen Jokers der 800.000 Arbeitsplätze in Deutschland vor sich hertreibt, gelingt es meiner Branche noch nicht einmal, das Thema der Provisionsbegrenzungen vom Tisch zu bekommen.

Wir lassen es zu, dass Heerscharen von schlecht informierten Berichterstattern seit Jahren versuchen, die Lebensversicherung zu Grabe tragen zu wollen. Die sei unsicher und nicht rentabel. Das ist absoluter Blödsinn und zudem auch noch gefährlich, wenn Leute das glauben.

Wir reagieren viel zu passiv, wenn eine FAZ darüber schreibt, dass viele Versicherungsvermittler wenig Ahnung hätten. Wie kommen die dazu? Das ist einfach nicht wahr und oft nur eine schnell produzierte Überschrift.

Vorstände und Verantwortliche aus dem Bereich der Unternehmenskommunikation und der Öffentlichkeitsarbeit werden mir an dieser Stelle sicherlich entgegnen, dass man sehr wohl auf solche Meldungen reagiere. Dass die Presseabteilungen Stellungnahmen veröffentlichen, die aber nicht von den Tageszeitungen gedruckt werden. Vermutlich weisen sie darauf hin, dass die Branche mit ihren Interessenvertretern sich im ständigen Dialog mit der Politik befindet. Dem ist ganz sicher auch so. Allein der Präsident des Bundesverbandes Deutscher Versicherungskaufleute e. V., Michael Heinz, hat mittlerweile vom Händeschütteln und Gesprächeführen in Politik und Wirtschaft eine Hornhaut an den Stimmbändern und den Händen. Das ist alles aller Ehren wert, jedoch noch nicht genug.

Meine Berufskollegen, egal in welcher Funktion und bei welcher Versicherungsgesellschaft tätig, sollten eine Art Korpsgeist entwickeln. Das Fundament dieser Gemeinschaft ist das Selbstverständnis von der Wichtigkeit und Unersetzlichkeit unserer Branche mit all ihren Facetten. Den Markt befeuernden und Innovationen antreibenden Wettbewerb untereinander weiterhin lebend, sollten wir uns einig darüber sein, dass wir uns nicht mehr mit der Rolle des Deppen und dem letzten Platz im Ranking der angesehensten Berufe zufriedengeben wollen. Wenn unsere Branche zu Unrecht angegriffen wird, müssen wir zusammenstehen. Im Übrigen auch gegenüber anderen Bedrohungen, wie durch Global-Player-Marken wie Amazon und Co. Wenn von denen wirklich Gefahr ausgeht, sollten die deutschen Versicherer die Reihen schließen und zum Gegenschlag ausholen, statt mit den amerikanischen Großunternehmen darüber zu verhandeln, ob wir denn vielleicht zukünftig noch ein paar Krümel vom Kuchen abbekommen.

So lange jeder Versicherer sein eigenes Süppchen kocht, jede notwendige Innovation dutzendfach in den Schaltzentralen der Versicherer entwickelt wird, statt eine gemeinsame Lösung für alle zu finden, so lange man sich nicht zumindest mit einigen Mitbewerbern zusammenschließt, um schlagkräftiger zu agieren, so lange bleiben wir verwundbar.

Angreifbar nicht nur für völlig neue Mitspieler auf dem Markt, die sich vermutlich wegen der mangelnden Einigkeit die Hände reiben, sondern auch für unsachliche Kritik, Mobbing und Klassenkeile. Wir müssen endlich lernen, zurückzuschlagen.

Dazu müssen wir allerdings auch den Mut haben, uns mal selbst den Spiegel kritisch vorzuhalten und unsere Schwachpunkte und die Vergangenheit zu beleuchten.

Kapitel 13

An die eigene Nase gefasst

Um von der Gesellschaft und unseren Kunden anders, positiver wahrgenommen zu werden, müssen wir uns als Branche auch mal selbst hinterfragen und die Erkenntnis zulassen, dass noch längst nicht alles Gold ist, was glänzt.

Es gibt viele überragend gute Entwicklungen. Vorreiter bei den Versicherungsgesellschaften, die entschlossen und kühn neue Wege gehen und damit auch sehr erfolgreich sind. Junge, innovative Vorstände, die mit Altem brechen und nicht immer einfache, moderne Pfade beschreiten.

Leider erlebe ich aber auch immer wieder die frühere Welt. Mein Eindruck ist dann häufig, dass man sich auf der konjunkturell bedingten Erfolgswelle auf dem richtigen Weg wähnt. Man erkennt die Notwendigkeit des technischen Wandels durch die Auswirkungen der Digitalisierung mit all den Chancen und Risiken. Da wird die Homepage neugestaltet, Versicherungsprodukte kann man auch online kaufen und Bewertungstools werden installiert. Auf der anderen Seite kümmert sich meine Zunft viel zu wenig um die Wahrnehmung der Versicherungsbranche bei unseren Kunden. Ich verspüre keine bedeutenden Initiativen, vom letzten Platz im Ansehen der Berufe in der Republik wegzukommen. Daran müssen wir arbeiten.

Drei Themen sind für mich hier elementar: Übertriebene Demut, unser Selbstbild und falsche Leistungsanreize.

Von Demut und Demütigung

Was geht Ihnen durch den Kopf, wenn sie an Mahatma Gandhi, Nelson Mandela und Martin Luther King denken?

Ich verbinde Begriffe wie Sympathie, Erfolg und Demut mit diesen herausragenden Persönlichkeiten.

Haben Sie das Bild vor Augen wie sich Dirk Nowitzki nach 21 Jahren Profisport und unfassbaren Leistungen mit gesenktem Haupt im Scheinwerferlicht von seinen Fans verabschiedet? Das Video seiner Rede nach dem letzten Heimspiel bei den Dallas Mavericks sorgt für eine chronische Gänsehaut.

Ob Spitzensport, Politik oder auch im Beruf. Eine gute Portion Demut hat noch keinem geschadet. Das gewisse Maß an Ergebenheit ist sicherlich ein Erfolgsfaktor, den man nur schlecht durch andere Eigenschaften kompensieren kann.

Dennoch ist es gerade auch in meinem Beruf eine Gratwanderung. Demut und Demütigung liegen dicht beieinander. Das wird sicherlich durch das schlechte Ansehen meines Handwerks noch befeuert.

Kunden interpretieren die Zurückhaltung, Duldsamkeit und Freundlichkeit einiger Kollegen im Zusammenspiel mit dem Ruf, der uns vorauseilt, gerne mal als Unterwürfigkeit. Daraus ergeben sich Fehlentwicklungen, die unser Ansehen meiner Meinung nach eher zementieren als verbessern.

Der Logik dieser Wahrnehmung vieler Versicherungsvertreter folgend verhalten sich Kunden manchmal entsprechend respektlos. Da wird beim Hausbesuch gerne mal nebenher gekocht, Termine werden immer wieder kurzfristig abgesagt oder man ist erst gar nicht wie vereinbart anzutreffen, Unterlagen sind nicht vorbereitet, Familienmitglieder nicht anwesend, man wird am Telefon für Nichtigkeiten beschimpft, im Schadenfall werden Wunder erwartet und eine jahrelange, gute Arbeit für den Kunden nach einer kleinen Beitragsanpassung in der Autoversicherung vergessen und alle Verträge gekündigt.

Fragen Sie mal einen Notar oder Steuerberater, ob er so etwas häufig erlebt. Ich glaube nicht. Das sind ja keine Versicherungsvertreter. Das ist natürlich was anderes.

Ich hatte bereits vor einigen Seiten gefordert, dass die Versicherungsbranche als Ganzes anders auftreten sollte. Sie erinnern sich noch an das Beispiel von dem Klassendeppen, für den sich nichts ändert, so lange er sich nicht wehrt?

So demütig Gandhi, King und Mandela auch waren. Sie waren dennoch unglaublich konsequent in ihrem Handeln. Sie hatten klare Ziele, die sie verfolgten. Demütig, aber fest entschlossen.

Ich erinnere mich an einen Besuch bei einem Kunden, vor vielen Jahren. Wir saßen im Wohnzimmer, der Fernseher lief laut, man hatte unseren

Termin vergessen, nahm sich trotzdem spontan die Zeit und wir unterhielten uns über die bestehenden Verträge und mögliche Verbesserungen. Zumindest versuchte ich das. Denn zu allem Überfluss kam ein weiterer Störfaktor dazu. Direkt neben meinem rechten Knie hatte es sich der übel aus der Schnauze riechende Haushund gemütlich gemacht. Mit jedem Hecheln in meine Richtung reduzierten sich die Sauerstoffmoleküle und ich kam der Ohnmacht ein Stückchen näher. Meine Mission „Vertragsumstellungen" nicht gefährden wollend sagte ich selbst dann nichts, als der Mischling seine Position veränderte und sich, mit starrem Blick zu mir, zwischen meine Beine stellte. Von da an überwog bei mir die Angst vor einem kurzfristigen Nachgeben der niederen Instinkte des Tieres und dem damit verbundenen, drohenden Verlust meiner Zeugungsfähigkeit.

In dieser Situation war ich zu sehr in meiner Rolle des demütigen Versicherungsvertreters. Froh, dass man mir überhaupt zuhörte und die respektlosen Auswirkungen meines Ansehens ertragend.

Ich hatte nicht den Mut, den Kunden darauf hinzuweisen, dass der Fernseher unser Gespräch störte und der Hund mir Angst machte und nicht gerade gut roch.

Das ist nur ein kleines Bespiel, um das Dilemma unseres Berufs klarzumachen. Ich bin sicherlich nicht allein mit Erlebnissen solcher Art.

Inzwischen habe ich meine Einstellung grundlegend verändert. Selbstverständlich ist auch bei mir immer noch der Kunde König. Ich lebe davon, dass mir Menschen vertrauen und mir die Sicherung ihrer existenziellen Risiken überlassen. Zusammen mit meinem Team möchte ich für meine Kunden erreichbar sein, freundlich, kompetent und schnell deren Anliegen und Wünsche erledigen. Soweit so gut. Aber eines ist mir dabe enorm wichtig: Bitte immer auf Augenhöhe bleiben. Das bedeutet für mich, dass der Mandant meine Mitarbeiter und mein Team genauso anständig behandelt wie wir ihn. Hört sich einfach an. Ist es aber nicht immer.

Aus diesem Selbstverständnis folgend hat sich für meine Agentur eine klare Ausrichtung entwickelt, die wir mit größtmöglicher Konsequenz verfolgen. Wir wollen nur mit Menschen zusammenarbeiten, die zu uns passen und wenn jemand von uns beraten und betreut werden möchte, dann gilt das Motto Ganz oder gar nicht.

Gerade unser „Motto" gefällt nicht jedem. Alles andere macht jedoch wenig Sinn. Wer lässt denn seine Buchführung von einem Steuerberater erledigen, beauftragt eine zweite Kanzlei mit der Erstellung der betriebswirtschaftlichen Auswertung und um die Bilanz kümmert sich dann Büro Nummer Drei? Keiner? Ganz genau. Das ist auch beim Thema Versicherungen nicht angebracht. Es muss einer den sprichwörtlichen Hut aufhaben und sich den Gesamtüberblick verschaffen.

Oft froh, wenigstens einen Teil vom Versicherungskuchen abzubekommen, gehen viele Kollegen an dieser Stelle Kompromisse ein.

Auch ist es ein Unterschied, ob man mit einer Gesellschaft oder mit vielen Versicherungen zusammenarbeitet.

Ich beschreibe Ihnen meine persönliche Vorgehensweise nicht, um im Rahmen von „Fishing for Compliments" dafür gelobt zu werden. Es geht mir vielmehr darum, dass wir Versicherungsvermittler eine zu große Zurückhaltung aufgeben sollten.

Ich hatte Ihnen in den vorherigen Kapiteln bereits beschrieben und deutlich gemacht, dass der moderne Versicherungsvermittler mit dem von früher nur noch sehr wenig gemein hat. Immer mehr Agenturen sind nach neuesten Trends und hochmodern ausgestattet, sehr gut geschult und dabei immer noch mit einer authentischen, persönlichen Note unterwegs.

Wir müssen in einer Kombination aus breiter Brust und gebotener Demut unseren Kunden entgegentreten und für sie da sein. Selbstverständlich dürfen wir dabei auch betonen, dass wir wirtschaftlichen Rahmenbedingungen unterliegen und auch Anforderungen an unsere Mandanten stellen. Mindestens die, dass wir unter den Grundvoraussetzungen von Anstand und Miteinander zusammenarbeiten wollen. Um die Courage für eine solche Haltung zu bekommen, brauchen wir Vermittler einen anderen Wind in unseren Segeln des Versicherungsalltags.

Stimmung geht anders

Wie bereits beschrieben bin ich als Gastredner viel unterwegs, in meiner in Sachen Beliebtheit aufstrebenden Zunft. Durch etwas über 300 Gelegenheiten dieser Art und die dort entstandenen Eindrücke in den vergangenen Jahren ist bei mir ein Porträt der Stimmung in der Versicherungs-branche entstanden.

Unabhängig von meinem Gesamteindruck gibt es sicherlich Sondersitu-ationen. Wenn beispielsweise seit Monaten die Technik nicht richtig funk-tioniert, Stellen abgebaut werden sollen oder Vertragsbedingungen der Mitarbeiter zu Ungunsten verschlechtert wurden. Das katapultiert das Be-finden der Belegschaft auf der Euphorie-Skala ins Erdgeschoss.

Auf der anderen Seite ist die Grundbegeisterung der Veranstaltungsgäste unweit größer, wenn über Jahre eine eigene, positive, eher branchenun-übliche Kultur etabliert wurde, das Rahmenprogramm und die Organisa-tion einer Festlichkeit herausragend oder einfach nur etwas mehr Alkohol im Spiel ist.

Das schafft Charakteristika, die weniger repräsentativ für die Versiche-rungslandschaft sind, als dass sie Ausnahmen in besonderen Situationen darstellen.

Unabhängig von solchen Anomalien haben Veranstaltungen in meinem von mir so verehrten beruflichen Milieu nicht selten ähnliche, berechenbare und wiederkehrende Abläufe.

Die Verantwortlichen bei den jeweiligen Versicherungsgesellschaften denken sich ein Motto für das neue Jahr oder eine Veranstaltung aus, das die Teilnehmer am besten ungefragt verinnerlichen sollen. Dazu verwöhnt man dann die Zuhörer mit Rückblicken, Ausblicken, Statistiken und Ziel-stellungen, die meistens derart präsentiert werden, dass es nicht selten während der Präsentationen, die gerne auch mal zwei Stunden dauern, keine messbaren Emotionen im Publikum gibt. Kein Lachen, Weinen, Ent-setzen, Begeistern und kein Applaus.

Ich bin hoffentlich mit meiner folgenden Meinung nicht allein:

Wenn man 200 oder mehr Menschen, die Kunden begeistern sollen, ver-sammelt, um ihnen ausschließlich Informationen zu liefern, ist das eine vertane Chance und dazu eine Geld- und Zeitverschwendung. Das kann man heutzutage auch in einer Telefonkonferenz, per Mail oder Webinar erledigen.

Hinterfragt man dann den gefühlten Nutzen solcher Events bei einigen Teilnehmern, reduziert es sich dann schnell auf den persönlichen Erfahrungsaustausch und das „Come together" beim anschließenden Bier.

Wenn wir als Branche anders erlebt und bewertet werden wollen, müssen wir auch bei diesen Veranstaltungen anfangen, die Teilnehmer und Gäste in Multiplikatoren einer sich neu entwickelnden Branchenkultur zu transformieren. Ich weiß, dass man aus dem viel zitierten Ackergaul kein Rennpferd macht. Wenn Kollegen seit 30 Jahren mit einer zementierten Veränderungsresistenz zu solchen Feierlichkeiten fahren und man ihnen dann ein Feuerwerk der guten Laune, greifbare Innovationen und das Selbstbewusstsein eines spanischen Toreros bietet, dann kann man davon ausgehen, dass diese Menschen kopfschüttelnd und irritiert die Räumlichkeiten verlassen und in ihr Schneckenhaus zurück kriechen. Diese Zeitgenossen wird man nicht mehr verändern. Das ist vergebene Liebesmüh.

Mir geht es um die vielen anderen. Die dienstjüngeren Mitstreiter und auch ältere Gefährten, voller Erwartungen und Motivation, offen für Neues und seit der Geburt mit einem Grundoptimismus ausgestattet. Von der Sorte kenne ich reichlich, treffe sie auf den Tagungen, wie sie mit der Bereitschaft anreisen, sich begeistern zu lassen und dann desillusioniert ins Auto steigen.

Hier vergibt man Chancen, die Kreativität, den Mut und das Unternehmerzentrum in diesen Kollegen zu entfachen. Das geht nun mal nur mit Emotionen und authentischer Begeisterung. Es gibt mannigfaltige Möglichkeiten, die Leute mitzureißen. Wir dürfen uns als Versicherungsbranche da nicht zu enge Grenzen setzen. Wir brauchen Mut zu neuen Formaten.

Die Events in der Assekuranz sollten zur Keimzelle, zur Petrischale werden, aus der neue Stämme einer lebendigen, enthusiastischen, agilen und glaubwürdigen Spezies von Versicherungsberatern und Sachbearbeitern hervorgehen.

Wie sollen wir da draußen anders wahrgenommen werden, wenn wir uns nicht von innen heraus als Branche verändern? Wie sollen Versicherungsagenturen, die für viele Kunden das Bild der Versicherungsbranche vorrangig repräsentieren, die Kraft zum Durchhalten in revolutionären Veränderungsprozessen entwickeln, wenn sie bei jeder Menge Veranstaltungen ihrer Gesellschaften auf dem konservativen Boden der Tatsachen landen?

Einhergehend mit sich bildenden, neuen Kulturen brauchen wir eine Umkehr der Blickrichtung in unserer beruflichen Landschaft.

Wir müssen weg von der reinen Frontalbeschallung, in der Vorstände erklären, was sie sich für das nächste Jahr vorgenommen haben. Auf solchen Veranstaltungen wird häufig die gesamte Organisation und alle Führungskräfte nur mit dem Blick nach oben und die verordneten Ziele der Chefetage ausgerichtet. Am besten dann unter dem Jahresmotto „Der Kunde im Mittelpunkt". Das ist eine reine Floskel, die ich unterschiedlich formuliert, immer wieder als Parole ausgerufen und als neuen Leitsatz formuliert erlebe.

Echte Kundenorientierung ist einer der wichtigsten Faktoren, wenn nicht sogar der Wichtigste, um in der Bevölkerung perspektivisch in der Beliebtheitsskala in einem Atemzug mit dem Feuerwehrmann und Arzt genannt zu werden.

Eine gelebte, fundierte Kundenorientierung ist aber noch nicht erreicht, wenn ein Rudel überbezahlter Mc Kinsey-Berater einfallslosen Managern die Sicht auf den Versicherungsmandanten als wohl klingenden Slogan in die Agenda des nächsten Vorstandsintervalls diktiert.

Wir müssen unsere Sichtweise komplett umkehren. Nicht von unten nach oben, zur Vorstandsetage und deren Blick auf den Markt, sondern von oben einzig und allein nach ganz unten. Denn da unten ist er und wartet auf uns. Der Kunde. Wenn wir wirklich Begeisterung erreichen wollen, geht das nur, wenn wir so sind, wie es der Käufer unserer Produkte von uns erwartet.

Erfolgreich können wir auch ohne dem sein. Das haben wir jahrzehntelang mit vielen Bilanzen bewiesen. Erfolg in Kombination mit Beliebtheit schaffen wir jedoch nur, sofern es uns gelingt, uns tatsächlich zu 100 % dem Kunden zuzuwenden. Das ist beileibe nicht der Alltag.

Ich habe vier Jahre lang leitend im Versicherungsvertrieb gearbeitet und saß regelmäßig im „Führungskreis" meiner Organisationseinheit mit Gleichgestellten zusammen. In einer der Sitzungen wurde gefordert, dass die Außendienstmitarbeiter wöchentlich 25 Kundentermine vereinbaren sollten.

Mit dem Hinweis darauf, dass alles über 15 Kundenbesuche pro Woche unter normalen Umständen nicht zu schaffen sei, stellte ich mich der Gegenwehr meiner Kollegen. Ich setzte noch einen drauf und schlug vor, dass wir doch alle mal für ein paar Tage selbst in den Verkauf gehen und die Machbarkeit von 25 Terminen unter Beweis stellen sollten. Sie können sich kaum vorstellen, welcher Proteststurm über mich hinwegfegte.

Das ist jetzt 15 Jahre her. Meine Meinung hat sich nicht verändert. Ganz im Gegenteil. Wäre ich Vorstand einer Versicherungsgesellschaft, würde ich verlangen, dass jede Führungskraft des Unternehmens regelmäßig dort hospitiert, wo Kundenkontakt garantiert ist. Allein schon deshalb, um zu wissen worüber man das ganze Jahr spricht und um die Auswirkungen diverser Entscheidungen vor Ort zu überprüfen.

Ich habe diesen Vorschlag schon mehrfach in unterschiedlichen Situationen vorgebracht, allerdings werde ich den Eindruck nicht los, dass es meine Gesprächspartner eher als Strafe denn als Chance verstehen würden.

Echte Kundenorientierung erreicht man nicht ausschließlich mit einem personell gut ausgestatteten Marktmanagement, sondern auch dann, wenn möglichst viele Akteure der riesigen Spielwiese meiner Branche so nah wie denkbar am Kunden sind.

Die Leute, die Kontakt zum Kunden haben, sollten den Mandanten spüren lassen können, dass sie den Job wahnsinnig gern machen. Und dazu brauchen wir flächendeckend das Selbstverständnis von der Wichtigkeit unserer Arbeit, den permanenten Blick auf den Kunden und v. a. Spaß bei dem, was wir tun.

Hin und wieder erlebe ich Kollegen, die mir unaufgefordert mitteilen, warum sie arbeiten gehen. Da heißt es dann: „Ich arbeite, um zu leben." Das ist ein für mich unvorstellbares Lebensmotto.

Der Deutsche verbringt deutlich mehr Zeit in seinem Job als mit der eigenen Familie. 23 bis 27 Jahre seines kostbaren Lebens ist der Arbeitsplatz der Partner. Diese Zeit will ich doch nicht verschwenden. Ich bin keiner, der am Montagmorgen bei Facebook postet „Jetzt noch 5 Tage bis zum Wochenende" und Mittwochmittag gleichsam öffentlich das Bergfest feiert. Ich gehöre auch nicht zu den Mittvierzigern, die schon das sprichwörtliche Maßband in der Tasche haben. Ich bin der festen Überzeugung, dass man die Dinge, für welche man sich im Leben entscheidet, leidenschaftlich angehen sollte. Und selbstverständlich auch die Arbeit. Tatsächlich auch, wenn man als Versicherungsvertreter seine Brötchen verdient.

Natürlich erwarte ich nicht von meinen Mitarbeitern, dass die jeden Morgen kollektiv im Kreis lachend ins Büro kommen, die Fenster aufreißen, in die Welt jubelnd den Arbeitsplatz bei mir feiern, um mir anschließend meine Manschettenknöpfe zu polieren. Jedoch muss ich auch für meinen Job brennen. Alles andere kommt für mich nicht in Frage.

Wenn es uns als Kollektiv gelingt, eine deutlich positivere Grundeinstellung zu unserem Beruf als den Normalzustand zu etablieren und den Kunden wirklich in den Mittelpunkt zu stellen, haben wir schon eine Menge erreicht.

Solange immer noch die meisten meiner Mitstreiter angeben, dass sie ihren Kindern unseren Beruf nicht empfehlen würden, solange können wir in der großen weiten Welt keine andere Wahrnehmung verlangen.

Wir brauchen den Mut, scheinbar Etabliertes über den Haufen zu werfen, um ein anderes, moderneres Bild des Versicherungsvermittlers herbeizuführen.

Dazu muss in der Steuerung des Versicherungsvertriebes ein weiterer Paradigmenwechsel erfolgen. Die Belohnungsmechanismen müssen verändert werden.

Falsche Anreize

Können Sie sich noch an Ihre Schulzeit erinnern? Eine Mathearbeit und das Thema „Differentialrechnung" stehen an. Eine Leere im Kopf und alle Hoffnung liegt bei Ihrem Sitznachbarn, der von Beginn an durch die Aufgaben fliegt, als hätte er die Mathematik mit der Muttermilch aufgesogen. Ihr Entsetzen ist groß, als der Klassenkamerad Ihre verzweifelten Seitenblicke registriert und im gleichen Augenblick seine Lösungen mit dem Löschpapier abdeckt.

In der Wissenschaft und Forschung ist es üblich, Erfolgsrezepte zu teilen und zu veröffentlichen. Sicherlich gibt es hier auch Ausnahmen und regelrechtes Konkurrenzdenken. Dennoch überwiegt die Bereitschaft, im

Interesse der Weiterentwicklung unserer Spezies Erkenntnisse zu teilen. V. a. natürlich dann, wenn die Gelehrten für den gleichen Auftraggeber arbeiten.

Ganz anders die Versicherungsbranche. Hier wird eher mit dem Löschpapier gearbeitet. Diese Kultur hat sich über viele Jahre entwickelt und ist besonderen Umständen geschuldet.

Bereits in einem vorherigen Kapitel habe ich mich für das Existenzrecht von Incentivereisen eingesetzt. Meine Meinung hat sich während des Schreibens bis zu diesen Seiten nicht verändert. Eine Belohnung in Form einer Veranstaltung oder in Geld und Anerkennung mit Urkunde, Schulterklopfen und Bühnenauftritt hat für die Gewinner sicherlich einen nicht zu unterschätzenden Anreiz. Ganz zu schweigen von den Mehrwerten dieser Veranstaltungen, die ich ebenfalls schon beschrieben habe.

Trotzdem habe ich mit der Art und dem Inhalt vieler Ausschreibungen ein Problem. Es geht v. a. um die Bonifizierungen in der sog. Ausschließlichkeitsorganisation. Dort sind die gebundenen Versicherungsvermittler unterwegs, die sich entschieden haben, nur mit einem Versicherungsunternehmen zusammenzuarbeiten. Der deutlich größte Teil der Versicherungsvertreter in Deutschland arbeitet so.

Auch ich habe über 25 Jahre unter diesen Bedingungen vermittelt und unzählige Veranstaltungen und Ehrungen der Besten erleben dürfen. Mein Fazit: Hier läuft etwas gehörig falsch.

Stellen Sie sich doch mal vor, der FC Bayern München feiert die Deutsche Meisterschaft und alle anderen Mannschaften der Bundesliga und auch der zweiten und dritten Liga sitzen im Publikum und sollen artig applaudieren. Sie sollen anerkennen, dass die Münchener den besten Fußball spielen, überragende Einzelspieler und Torjäger in ihren Reihen wissen, die ihresgleichen suchen. Was geht wohl in den Köpfen der anderen Spieler vor, die sich das im Auditorium anhören müssen?

In etwa so können Sie sich die Stimmung vieler Vertriebsveranstaltungen vorstellen, bei denen die „Besten der Besten" geehrt werden. Die Vermittler mit dem größten Umsatz, mit dem umfangreichsten Breitengeschäft oder mit herausragenden Einzelleistungen kommen auf die Bühne und werden in Laudationes gepriesen.

Ich versichere Ihnen: Es fühlt sich toll an, wenn man da oben steht und mit Lob und persönlicher Wertschätzung überhäuft wird. Allerdings, fragen Sie doch mal die durchschnittlich 80 % der Vermittler unter den Zuhörern, die nicht geehrt werden, wie es sich für sie anfühlt. 80 %, die keinen reservierten Sitzplatz in den ersten Reihen zugewiesen bekommen, nicht auf eine Reise eingeladen, nicht an den Tischen der Vorstände platziert und zusätzlich mit Geschenken versehen werden. Glauben Sie, diese Mehrheit der Vermittler hat nicht im Rahmen ihrer Möglichkeiten überwiegend fleißig und mit vollem Einsatz gearbeitet? Zumindest in deren eigener Wahrnehmung. In welcher Stimmung fahren diese Kollegen nach Hause?

Was nutzt es, wenn ich 20 % meiner Mannschaft motiviere und bei dem Rest genau das Gegenteil erreiche? Mit meinen Gedanken bin ich da nicht allein. Es gibt Wirtschaftswissenschaftler, die behaupten, es gäbe keinen dauerhaften Nachweis von Leistungsanreizen.

Als Ergebnis jahrelanger, eigener Beobachtung kann ich das nur unterstreichen. Die Art und Weise vieler noch stattfindender Wettbewerbe und Ausschreibungen im Versicherungsvertrieb halte ich für falsch, demotivierend, wirtschaftlich nicht zu Ende gedacht und alles andere als kundenorientiert.

Wenn ich als selbstständiger Versicherungsvermittler, der ausschließlich für eine Gesellschaft arbeitet, mein Handeln an einer Ausschreibung meines Vertragspartners ausrichte, hat das in meinen Augen nur noch wenig mit unternehmerischer Autonomie, sondern mehr mit „Hund und Wurst" zu tun. Herrchen sagt mir, was ich tun soll und ich bekomme ein Leckerchen.

Dazu kommen dann jede Menge Kollegen, die, warum auch immer, nicht in der Lage sind, die Voraussetzungen für eine Ausschreibung in Geld oder Sachwert zu erfüllen. Zum größten Teil stehen bei den Ehrungen tatsächlich immer wieder die gleichen Vermittler auf der Bühne. Der Rest sitzt frustriert auf nicht reservierten Plätzen und wartet auf das Büfett und die Heimfahrt.

Diese Menschen wurden allerdings irgendwann einmal von den Versicherungsgesellschaften als Vermittler und Partner gewonnen. Man war überzeugt, dass sie die Richtigen sind und sie zum Unternehmen passen. Und nun unternimmt man alles, um ihnen Jahr für Jahr zu zeigen, dass sie nichts taugen? Denn das genau kommt bei vielen an.

Führungskräfte machen sich oft nur Gedanken darüber, wie sie ihre Mitarbeiter und Versicherungsvermittler motivieren können. Viel wichtiger finde ich den Ansatz, dafür zu sorgen, die wertvollen Persönlichkeiten nicht zu demotivieren.

Meiner Überzeugung nach benötigt der Versicherungsvertrieb eine Rosskur. Eine völlig veränderte Art der Incentivierung. Besonders vor dem Hintergrund des bestehenden Arbeitnehmer-Marktes, dem fehlenden Nachwuchs in unserer Branche und der dringend nötigen, höheren Frauenquote im Vertrieb sollten neue Modelle angedacht werden. Modelle, die dazu dienen, den größtmöglichen Teil meiner Mitarbeiter anzusprechen. Es sollte der Teamgedanke anstatt der Einzelleistung gefördert und belohnt werden. Das Ganze als Teil eines Konzeptes, um Bedingungen zu schaffen, in denen die Verkäufer ihre natürliche Motivation abrufen wollen.

Wie schon beschrieben betiteln viele Versicherungsvertriebe deren Veranstaltungen mit „Kundenorientierung". Dabei gelingt es ihnen noch nicht einmal, die eigenen Vertragspartner, die Versicherungsvertreter, da abzuholen, wo sie gerade stehen. Die Versicherer sollten individuelle Leistungsanreize schaffen, speziell zugeschnitten auf Stärken und Schwächen des Vermittlers. Ihm ständig aufzuzeigen, dass 20 % seiner Kollegen doppelt so schnell laufen können wie er, ist doch kein Umfeld, in dem er seine intrinsische Motivation nutzen kann und wird.

Gerne wird auch die Karte des vermeintlichen Teamgedankens gespielt. Leider nur halbherzig. Man schafft innerhalb des Versicherungsvertriebes einer Versicherungsgesellschaft Organisationseinheiten, die im Wettbewerb miteinander stehen. So sehr mir hier sicherlich einige leitende Kollegen widersprechen werden, ist der Teamwettbewerb meiner Überzeugung nach meistens nichts anderes als ein Geschäftsplan und eine Ausschreibung für die Führungskräfte. Diese versuchen dann immer wieder, ihre Zielstellung als Mannschaftsleistung zu deklarieren. In Wahrheit haben die selbstständigen Vermittler in der Regel genügend mit sich und ihren Agenturen zu tun, als dass man sich noch um weitere Wettbewerbe kümmern kann oder sich ernsthaft dafür interessiert. Außerdem kommt bei einem Erfolg in der Regel die verantwortliche Führungskraft in den Genuss einer Sonderzahlung, während für das „Team" eine Urkunde in einem feierlichen Rahmen gereicht wird.

Irrsinnig wird es dann, wenn in solchen Wettbewerben Themen wie „Kopf-zahlen" in der Personalarbeit einbezogen werden. Am Ende des Jahres sollen die Planzahlen erreicht werden.

Was glauben Sie denn, bitte schön, macht eine Führungskraft, wenn im November noch genau ein „Stück" Versicherungsvertreter oder Außen-dienstangestellter fehlt, um das „Teamziel" und die 10.000 € persönliche Bonifikation zu erreichen? Richtig. Er stellt notfalls Pietro Lombardi ein, um die Kohle einzusacken und nimmt dafür billigend in Kauf, dass der neue Mann die Probezeit nicht übersteht. Hauptsache, die Zahlen stim-men erstmal.

Die Fluktuationskosten bei einem Kundenberater in der Versicherungs-branche liegen bei ca. 50.000–75.000 €. Und nun stellen Sie sich mal vor, wenn bei einem großen deutschen Versicherungsvertrieb 100 Organisati-onseinheiten, über ganz Deutschland verteilt und im Wettbewerb miteinan-ander stehend, jeweils einen Pietro Lombardi zum Jahresende einstellen. Hier werden Millionen völlig unnötig verbrannt.

Und das sind nicht die einzigen „Spielereien", die stattfinden, um Wett-bewerbe zu entscheiden. In den letzten Wochen eines Jahres sind viele Führungskräfte im Versicherungsvertrieb damit beschäftigt, in ihre Wettbe-werbe und Ausschreibungen zu gucken. Da ist der Phantasie kaum eine Grenze gesetzt, so lange das Handeln noch so gerade im Grenzbereich des Erlaubten stattfindet. In dem Schlussspurt des Jahres steht dann der Kunde immer noch im Mittelpunkt, aber leider steht er auch im Weg.

Das sind die Geister, die von den Gesellschaften gerufen wurden, als sie sich für diese Art der Intensivierungen entschieden haben. Den Führungs-kräften kann man da gar keine Vorwürfe machen. Sie werden in dieses Korsett gezwängt.

In diesem Zusammenhang gibt es noch mehr Phänomene, die Anlass zur Kritik geben.

Wenn die Versicherungsvertreter, Außendienstmitarbeiter und v. a. die Führungskräfte Jahr für Jahr von ganz oben aus dem Vorstandsbüro per Gießkannen-Prinzip gesteuert werden, ist dabei eines ganz gewiss: Die Individualität und Kreativität bleiben auf der Strecke. Warum soll ich als Filialdirektor denn noch den Markt beobachten, regionale Besonderheiten und Chancen ermitteln, wenn mir die Chefetage gerade noch so viel Freiheit lässt, auf der Jahresauftaktveranstaltung zwischen Hühnchen und Rinderroulade für meine Mannschaft auswählen zu dürfen?

Zentralisierte Steuerung der Vertriebe mag gewisse wirtschaftliche Synergien liefern, allerdings raubt sie einer Organisation ihren Einfallsreichtum und die Individualität. Exakt diese beiden Eigenschaften sind für mich wichtige Erfolgsfaktoren in einer sich rasant verändernden Welt wie der meinen. Der Versicherungswelt.

Zu allem Übel kommt dann noch dazu, dass man sich auch streng an den gregorianischen Rhythmus hält. Jedes Jahr neue Ausschreibungen und Jahresmottos, ohne eine wirklich messbare langfristige Ausrichtung und Zielstellung erkennen zu lassen.

Diese enge Taktung der Themen und immer wieder neue sprichwörtliche durch das Dorf getriebene Säue befeuern eine permanent kurzfristige Ausrichtung und entsprechendes Handeln der Akteure. Es bleibt viel zu wenig Zeit für die wirklich wichtigen Themen: Für die Menschen!

Die erstjährige Fluktuation bei den Mitarbeitern im Versicherungsvertrieb ist erschreckend. Mir hat mal ein Vorstand eines großen Versicherers präsentiert, dass 70 % der neu eingestellten Kundenberater im Vertrieb im ersten Jahr der Tätigkeit wieder aufgegeben haben.

Die Gründe dürften vielfältig sein. Eine Ursache ist für mich jedoch sehr deutlich. Die Führungskräfte haben viel zu wenig Zeit, um sich um die Ressource „Mitarbeiter" zu kümmern. Wenn man darüber mit Leitenden meiner Branche spricht, beklagen sie, dass man permanent damit beschäftigt sei, an Sitzungen, Tagungen, Arbeitskreisen, Task Forces, Projektgruppen und Meetings teilzunehmen, deren Umfang und Sinn von den allermeisten der Beteiligten in Frage gestellt werden. Ergebnis? Keine Zeit für die Mitarbeiter. Jahresgespräche fallen aus oder finden nur im Eiltempo statt. Stimmungen und Wünsche werden nicht wahrgenommen – der Mitarbeiter ist frustriert.

Wie wollen wir unsere Kunden begeistern, wenn uns das auch deshalb nicht einmal bei dem eigenen Personal gelingt, weil den Führungskräften schlicht und ergreifend die Zeit fehlt?

Angestellte bewerben sich bei einem Unternehmen, aber sie verlassen es meistens wegen der Vorgesetzten. Auch deshalb, weil die Chefs zu wenig Zeit in die Mitarbeiter investieren können oder wollen.

Auch hier braucht es eine Menge Mut der verantwortlichen Entscheider in den Unternehmen, um diesen Missstand aufzubrechen.

Ist Ihnen aufgefallen, über wen ich in den letzten Absätzen am wenigsten geschrieben habe? Über den Kunden.

Der bleibt nämlich auf der Strecke, wenn sich alles nur um Stückzahlen, Personalstärke und die letzten noch fehlenden Autoversicherungen für den Geschäftsplan dreht. Die Führungskräfte meines Berufszweiges mögen sich an dieser Stelle mal selbstkritisch fragen, in wie vielen ihrer Sitzungen und Gesprächsrunden es um das Wohlbefinden unserer Kunden geht. Wie oft beschäftigen Sie sich mit den Anforderungen der Chefetage, anstatt den Blick nach unten, zum Kunden, zu richten?

Deshalb ist es weiterhin meine Aufforderung an meine so lieb gewonnene Versicherungsbranche, dass wir konsequent von oben nach unten blicken. Dazu gehört auch, dass Ausschreibungen, Wettbewerbe und Incentives maximal am Kunden und individuell am Vermittler orientiert ausgerichtet werden müssen.

Ausschreibungskriterien müssen verändert werden. Weg von reinem Kopf- und Stückzahl-Denken. Hin zu kreativen Ansätzen, um die maximale Leistungsbereitschaft der Mitarbeitenden zu gewinnen.

Statt die Regionaldirektionen und Vertreter in Wettbewerben miteinander zu bringen, sollten zugängliche Ideenbörsen eingerichtet werden, auf denen man seine Erfolgsrezepte teilt, ähnlich wie in der Forschung. Je mehr „Likes" ich aufgrund der Praktikabilität meiner Inspiration von den Kollegen für die Idee erhalte, desto größer meine Belohnung. So haben alle etwas davon. Der Ideengeber im Portemonnaie, der Empfänger in seiner täglichen Arbeit und der Kunde dadurch, dass man ihn am Ende des Jahres nicht vergisst. Es gibt sicherlich noch viele, deutlich bessere Vorschläge für einen solchen Veränderungsprozess.

Wenn durch innovative Incentives der überwiegende Teil einer Vertriebsmannschaft einbezogen, motiviert und belohnt wird, schaffe ich eine bessere Stimmung. Gepaart mit deutlich mehr Zeit und Aufmerksamkeit für die Mitarbeiter, ganz besonders für die dienstjungen, sollte jegliches Handeln auf das Wohl unserer Kunden ausgerichtet werden. Durch zufriedenere Kunden haben wir alle zwangsläufig noch mehr Spaß an der Arbeit und sind noch glücklicher.

Wenn ich zufriedene, glückliche Versicherungsvertreter als primäre Botschafter und Aushängeschilder meiner beruflichen Heimatbranche schaffe, flankiert von einer authentischen, ernst gemeinten Fokussierung der Versicherungsgesellschaften auf unsere Klienten, dann können wir es schaffen. Dann können wir die Abstiegszone im Ansehen der Berufe in Deutschland verlassen.

Wir müssen den Mut haben, Gewohntes konsequent in Frage zu stellen und neue Wege zu gehen. Wir brauchen Mumm in den Vorstandsetagen, damit man dort nicht annimmt, einen privilegierten Zugang zur Wahrheit innezuhaben und möglichst vorlebt, anstatt nur vorzulesen. Wir brauchen einen stärkeren Zusammenhalt, als Branche und in den einzelnen Unternehmen. Wir brauchen Bedingungen, die Kreativität fördern und konstruktive Kritik zulassen. Die Versicherungsvermittler müssen ebenfalls mutig sein, um aus der gebeugten Haltung des „Treppenterriers" herauszukommen. Wir müssen ein Selbstverständnis der Wichtigkeit unserer Branche und unserer Produkte entwickeln und stärken. Maximal auf unsere Kundschaft konzentriert, mit Selbstbewusstsein und der nötigen Demut tariert und von allen überflüssigen Zeiträubern, die nicht dem Kunden dienen, befreit, präsentieren wir dann den Versicherungsvertreter der Gegenwart. Wir lachen mit unseren Kunden über Loriots Persiflage des Haustürverkäufers der 70er Jahre und lassen den Mandanten staunen, wie Versicherung heute geht. Von Menschen für Menschen gemacht.

Kapitel 14

Zu guter Letzt

Die Beziehung zu meinen Kunden mit „Liebe" zu umschreiben, hört sich für jemanden, der wie ich in der Versicherungsbranche arbeitet, zunächst mal etwas befremdlich an. In all den Berufsjahren hat mich noch kein Kunde nach einer Beratung zur Berufsunfähigkeitsversicherung aus purer Begeisterung entschlossen in den Arm genommen, an sein Herz gedrückt und darauf bestanden, mit mir die Schlüsselszene aus dem Titanic Film nachzuspielen. Um das zu erleben, müsste ich wohl besser Pakete eines namenhaften Schuhlieferanten von Haus zu Haus bringen.

Ich habe realisiert, dass ich keine Handtaschen, Smartphones oder Sportwagen verkaufe. In meiner Branche drücken sich die Leute nicht die Nasen an meinem Schaufenster platt und träumen davon, sich irgendwann die Hausratversicherung mit Optimal-Deckung leisten zu können.

Hin und wieder sitze ich in meinem Ladenlokal und beobachte, wie die Passanten an meinem Büro vorbeigehen. Einige sehen sich schüchtern meine Schaufenster-Dekoration an, andere stoppen kurz am Gehweg-Aufsteller mit aktuellen Angeboten aus der Versicherungswelt. Und manchmal lugt auch jemand vorsichtig durch die Tür und beginnt mit einem „Ich will nichts abschließen. Ich habe nur eine kurze Frage." Mit einem Augenzwinkern erkläre ich dann zunächst, dass man ruhig und ohne Furcht hineintreten dürfe. Meine Mitarbeiter und ich würden selten beißen und wären für den Fall der Fälle auch gegen Tollwut geimpft. Ein Lächeln und schon ist das erste Eis gebrochen. Aus einer Frage wird ein Gespräch, aus einem Gespräch ein Angebot und aus dem Angebot dann und wann ein neuer Kunde. Was mit einer dezenten Frage in meinem Büro beginnt, entwickelt sich nicht selten zu einer vertrauensvollen Zusammenarbeit.

Meine Produkte kann man eben nicht anfassen. Man bezahlt Geld und bekommt ein Stück Papier zum Abheften. Es gibt ganz sicher Kaufgeschäfte, die mehr Dopamin im Körper des Menschen freisetzen.

Was ist es also, das mich beinahe jeden Tag mit einem Lächeln ins Büro fahren lässt?

Mein Beruf bedeutet nicht, kurzfristige Konsumfreuden zu bedienen. Meine Aufgabe ist es, gemeinsam mit den Kunden dafür zu sorgen, dass sie ruhig schlafen, in den Urlaub fahren und die Veränderungen der einzelnen Lebensabschnitte sicher meistern können. Ich kann helfen, dass die Menschen mit den platt gedrückten Nasen ihre Handtaschen, Smartphones und Sportwagen genießen können, ohne ständig von Verlustangst geplagt zu werden.

Meine Glückseligkeit wird durch andere Ereignisse als bloße Konsumfreuden genährt.

Wenn mich der Fuhrunternehmer am Abend völlig aufgelöst anruft und von einem geplatzten Reifen und Chaos auf der Autobahn berichtet. Ein paar Anrufe später ist alles Notwendige eingeleitet und der Kunde große Sorgen los.

Wenn ein Ehepaar in mein Büro kommt und sie mir verzweifelt verschiedene Ordner mit Versicherungsunterlagen servieren, ich ihnen einige Tage später die Akten mit Register sortiert und nach einer mit ihren Prioritäten versehenen Beratung zurückgebe.

Wenn Kunden mir nach vielen Jahren vertrauensvoller und offener Zusammenarbeit Unterlagen nur grob überflogen unterschreiben und dann einen zusätzlichen Teller auf den gedeckten Abendbrot-Tisch stellen, während sie mir erklären, dass ich doch schon fast zur Familie gehöre. Diese Momente zeigen, dass meine Aufgabe wichtig ist und jede Menge Erfüllung und Freude bietet.

Ich liebe meinen Job, weil er alles andere als langweilig ist. Angefangen mit den aufregenden Prozessen, den richtigen und erfolgreichen Weg in die Digitalisierung zu finden. Ob für mich als kleine Versicherungsagentur oder als Bestandteil der großen Versicherungswelt. Was wünscht sich mein Kunde und wie stelle ich mich bestens darauf ein? Welche Insur-Techs werden sich durchsetzen? Wie sieht die Agentur der Zukunft aus? Diese Fragen machen mir keine Angst – sie begeistern mich, weil sie mich fordern und Kreativität erlauben.

Ich fahre immer gerne ins Büro, weil ich nie genau weiß, wie der Tag verläuft. Das liegt daran, dass ich es ständig mit diversen Unterordnungen des Homo Sapiens zu tun habe. Diese kommen mit unterschiedlichsten Problemen und Herausforderungen zu mir, die es zu lösen gilt. Von der Auslandsreisekrankenversicherung für das Semester in den Vereinigten Staaten, über den neu eingerichteten Friseursalon bis zum Autozulieferer, der gerade für mehrere Millionen € neue Maschinen angeschafft hat.

Ich lerne Kollegen kennen, die eben nicht nur Versicherungskaufmann, Betriebswirt oder Mathematiker sind. Da gibt es ehemalige Kfz-Mechaniker, Köche, Juristen, Bankkaufleute, Sozialwissenschaftler und viele mehr. Sie alle bringen ihre Geschichten und Erfahrungen mit und geben ihrer Arbeitsumgebung eine einzigartige, individuelle Note.

Versicherungen sind alles andere als typisch deutsch. So kann man beim Marktführer, der Allianz, in über 70 Ländern für den Global Player arbeiten. International operierende Gesellschaften sind zudem ein Schmelztiegel der Kulturen. Wer einmal in den Konzernzentralen der großen, deutschen Versicherer unterwegs ist; wird eine beinahe babylonische Charakteristik erleben können.

Auch in den Versicherungsagenturen vor Ort ist Gewaltiges im Gange. Der klassische, Anzug tragende Vertreter mit Schlips und Aktenkoffer ist ein Relikt vergangener Tage. Immer häufiger findet man anstelle der wenig überraschenden Büros der Vergangenheit top moderne Dienstleistungszentren, in denen gut geschultes Personal auf jede gewünschte Art und Weise mit dem Kunden korrespondiert und die Anliegen schnell und kompetent abarbeitet. Den schwarzen Schafen der Branche wird sukzessive das Substrat ihres Handelns entzogen, so dass begründete Kritik und Vorsicht früherer Zeiten immer seltener den Prolog einer Zusammenarbeit zwischen Interessent und Versicherungsvertreter bilden.

In Zeiten von endlosen Telefon-Warteschleifen, Robo Advises und durch Werbezuschüsse verfälschten Vergleichsportalen wächst neben der Begeisterung, die eine digitalisierte Welt mit sich bringt, auch die Skepsis. Wie sehr taugt eine Kaufempfehlung, die mir von Facebook angeboten wird? Warum zeigt mir Google in seinem Shopping-Bereich nur eine Handvoll Treffer, wenn ich „Business Hemd Weiß" eingebe? Wie sicher sind eigentlich meine Daten?

Bei aller Begeisterung für die Vorzüge der digitalisierten Gesellschaft ist das Internet letztendlich auch nur ein repräsentativer Schnitt durch die Vielfalt der menschlichen Natur. Mit allen guten, aber auch bösen Gesichtern.

Der Mensch bleibt ein Herdentier, das sich gerne unter seinesgleichen begibt und sich bevorzugt auf seine ureigenen Instinkte verlässt.

Ein tiefer Blick in die Augen kann dabei entscheidender sein als 100 Bewertungen bei ebay.

Was hat das alles mit mir zu tun? Mit einem Versicherungsvertreter?

Der Versicherungsvertreter ist trotz aller Innovationen für Sie da. Physisch, digital oder telefonisch. Sie können ihn persönlich erreichen. Ein echter Mensch, der sich Zeit nimmt und Ihnen zuhört. Probieren Sie das mal in einem Baumarkt.

Wir leben von zufriedenen Kunden und genießen den Dank unserer Mandanten, wenn sie uns in einem Schadenfall erleben oder wir bei der Lösung eines verzwickten Problems helfen konnten. Wir sind von morgens bis abends und oft auch am Wochenende für die Kunden da, bilden uns weiter und leiden mit ihnen, wenn sie ein Unglück heimsucht. Der allseits beliebte Feuerwehrmann rettet Sie in der Not, der Halbgott in Weiß hilft bei Krankheit und Leid und wir stehen Ihnen bei, wenn sich das Glück in Ihrem Lebenslauf mal eine Auszeit nimmt. Wir – Ihre Versicherungsvertreter.

Quellennachweise

http://www.versicherungs-geschichte.de/historisches-ab-1750-vch·.html

http://versicherungstest.de/top-10-der-verruecktesten-versicherungen/

https://www.impulse.de/finanzen-vorsorge/vorsorge-versicherungen/
kuriose-versicherungen/2169450.html#2

http://www.spiegel.de/panorama/jennifer-lopez-der-ein-milliarden-dollar-
body-a-126272.htm

https://www.gala.de/stars/news/die-skurrilsten-versicherungen-der-stars-
diese-koerperteile-sind-teuer_21759464−21617126.html

https://de.wikipedia.org/wiki/Entführung_durch_Außerirdische

https://www.dihk.de/themenfelder/recht-steuern/oeffentliches-wirtschafts-
recht/ versicherungsvermittlung-anlageberatung/zahlen-und-fakten/
eingetragene-vermittler

https://www.gdv.de/de/zahlen-und-fakten/versicherungsbereiche/
ueberblick-24074

https://www.allianz.com/de/presse/news/geschaeftsfelder/versicherung/
news-2012-03-27.html

https://de.wikipedia.org/wiki/Erdbeben_von_San_Francisco_1906

https://de.statista.com/statistik/daten/studie/152586/umfrage/
schadenssummen-der-teuersten-versicherungsschaeden-seit-1970/

https://de.statista.com/infografik/11446/
15--sind-versicherungsbetrug-nicht-abgeneigt/

https://www.gdv.de/de/themen/news/
fast-jede-zehnte-schadenmeldung-mit-ungereimtheiten-11376

https://de.statista.com/themen/251/berufsunfaehigkeit/

https://finletter.de/9458/insurtech-weltreise-versicherungen-asien-zhong-an/

https://www.faz.net/aktuell/finanzen/meine-finanzen/
job-mit-schlechtem-ruf-versicherungsvertreter-15298982-p2.html

https://www.versicherungsbote.de/id/4875915/
Zurich-Schildknecht-Koeln/

https://www.dihk.de/themenfelder/recht-steuern/
oeffentliches-wirtschaftsrecht/versicherungsvermittlung-anlageberatung/
zahlen-und-fakten/statistik-versicherungsvermittler-archiv

https://www.versicherungsbote.de/id/4854659/
Versicherungsvermittler-Gewinn-Verdienst/

https://www.dasinvestment.com/rechtsgutachter-erklaeren-warum-der-
lv-provisionsdeckel-verfassungswidrig-waere/

http://www.spiegel.de/wirtschaft/soziales/deutschland-soll-bis-
spaetestens-2038-aus-der-kohle-aussteigen-a-1250104.html

https://www.azubi.de/beruf/tipps/liste-beste-ausbildungsberufe

http://www.oecd.org/berlin/themen/zukunft-der-arbeit/

https://karriereblog.generali-deutschland.de/2017/01/
besser-als-der-ruf-weg-mit-den-vorurteilen-ueber-versicherungen/

Die Branche liest

Verlag Versicherungswirtschaft

AUTOR	TITEL · ISBN · PREIS
Heiko Klaus Medert, Prof. Dr. Jochen Axer, Birgit Voß	**Versicherungsteuergesetz – Kommentar** ca. 750 Seiten • 2. Auflage • ISBN 978-3-96329-206-4 • 128,– €
Dr. Dagmar Thürmann, Christian Kettler	**Produkthaftpflichtversicherung (ProdHB)** 470 Seiten • 7. Auflage • ISBN 978-3-89952-890-9 • 74,– €
Andreas Buttler, Markus Keller	**Einführung in die betriebliche Altersversorgung** 320 Seiten • 9. Auflage • ISBN 978-3-96329-199-9 • 55,– €
Kay Uwe Erdmann et al. (Hrsg.)	**Praxishandbuch Betriebliche Altersversorgung** 540 Seiten • ISBN 978-3-89952-939-5 • 84,– €
Dr. Hermann Schulz-Borck †, Frank Pardey	**Der Haushaltsführungsschaden – Kombipaket** 9. Auflage • ISBN 978-3-96329-197-5 • 59,90 €
Rolf Lehmann, Dr. med. Elmar Ludolph	**Invalidität in der privaten Unfallversicherung** 190 Seiten • 5. Auflage • ISBN 978-3-96329-008-4 • 49,– €
Wolfgang Frahm, Dr. Alexander Walter	**Arzthaftungsrecht** 418 Seiten • 6. Auflage • ISBN 978-3-96329-004-6 • 89,– €
Dr. Sebastian Hopfner	**Tarifverträge für die private Versicherungswirtschaft** 872 Seiten • 10. Auflage • ISBN 978-3-89952-949-4 • 134,– €
Jörg Freiherr Frank von Fürstenwerth, Alfons Weiss, Werner Consten, Peter Präve	**VersicherungsAlphabet (VA)** 984 Seiten • 11. Auflage • ISBN 978-3-96329-019-0 • 79,– €
Ulrike Götz	**Sachkunde Finanzanlagen** 700 Seiten • 2. Auflage • ISBN 978-3-96329-177-7 • 59,– €

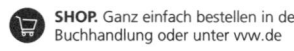
SHOP. Ganz einfach bestellen in der Buchhandlung oder unter vvw.de

eBOOK. Diese Titel sind auch als eBook erhältlich